Mac OS X Leopard

D1653456

Mac OS X Leopard

María Guerrero

GUÍAS PRÁCTICAS

Responsable editorial:
Víctor Manuel Ruiz Calderón
Alicia Cózar Concejil

Diseño de cubierta:
Sandra Cordova Yusta

Realización de cubierta:
Cecilia Poza Melero
Sandra Cordova Yusta

Primera edición, febrero 2008
Primera reimpresión, julio 2008
Segunda reimpresión, octubre 2008

Reservados todos los derechos. El contenido de esta obra está protegido por la Ley, que establece penas de prisión y/o multas, además de las correspondientes indemnizaciones por daños y perjuicios, para quienes reprodujeren, plagiaren, distribuyeren o comunicaren públicamente, en todo o en parte, una obra literaria, artística o científica, o su transformación, interpretación o ejecución artística fijada en cualquier tipo de soporte o comunicada a través de cualquier medio, sin la preceptiva autorización.

© EDICIONES ANAYA MULTIMEDIA (GRUPO ANAYA, S.A.), 2008
Juan Ignacio Luca de Tena, 15. 28027 Madrid
Depósito legal: M. 46.542-2008
ISBN: 978-84-415-2397-5
Printed in Spain
Impreso en: Closas-Orcoyen, S. L.

Agradecimientos

En primer lugar quiero dar las gracias:

A Paco Lara, por su apoyo incondicional. Sin él, no hubiera sido posible una vez más, el desarrollo de este libro.

También mi agradecimiento para:

Mi marido, por seguir soportando sin reproches las horas que he pasado frente al ordenador y el tiempo que le robé de estar con él.

Mi familia, por aguantar mis nervios sobre todo en los últimos días. En especial a mis padres por estar siempre ahí apoyándome y alentándome, y a mi hermana por ayudarme con una sonrisa siempre, en todo lo que en su mano estaba.

Mi editor (Víctor) y sus compañeras, quiero agradecerles el tiempo que me han dedicado para poder resolver todas esas preguntas que me iban surgiendo a lo largo del desarrollo del libro.

Y por último, y no por ello menos importante:

A Anaya Multimedia y en especial a José María Mourelle, por esta tercera oportunidad que me ha dado y la confianza que ha depositado en todo momento en mí.

Gracias a todos de corazón! ;-)))

—María Guerrero

Índice

Introducción 13
Cómo usar este libro 15

1. Instalación 17
   1.1. Requerimientos del sistema 17
   1.2. Empezando… 18
      1.2.1. Escoger un tipo de instalación 19
      1.2.2. Personalizando la instalación 20
      1.2.3. ¡Instalar! 21
   1.3. Asistente de configuración 21
      1.3.1. Ajuste de la red 22
      1.3.2. Nuestra identidad Apple 22
      1.3.3. Crear su cuenta 22
      1.3.4. ¡Ya está todo listo! 22

2. Conceptos básicos 25
   2.1. Finder 25
      2.1.1. Ventana de Finder 25
      2.1.2. Vistas de la ventana de Finder 31
      2.1.3. Estructura de archivos 36
      2.1.4. Los menús 38
   2.2. Spotlight 43
   2.3. Dock 44
   2.4. Papelera 47
   2.5. Trucos 48

3. Preferencias del sistema 51
　3.1. Personal 53
　　3.1.1. Apariencia 53
　　3.1.2. Dock 54
　　3.1.3. Escritorio y Salvapantallas 56
　　3.1.4. Exposé y Spaces 58
　　3.1.5. Internacional 63
　　3.1.6. Seguridad 64
　　3.1.7. Spotlight 67
　3.2. Hardware 67
　　3.2.1. Bluetooth 67
　　3.2.2. CD y DVD 68
　　3.2.3. Economizador 69
　　3.2.4. Impresión y Fax 71
　　3.2.5. Pantallas 72
　　3.2.6. Sonido 74
　　3.2.7. Teclado y Ratón 75
　3.3. Internet y Red 77
　　3.3.1. .Mac 77
　　3.3.2. Compartir 80
　　3.3.3. QuickTime 81
　　3.3.4. Red 81
　3.4. Sistema 83
　　3.4.1. Acceso Universal 83
　　3.4.2. Actualización de Software 84
　　3.4.3. Controles parentales 86
　　3.4.4. Cuentas 87
　　3.4.4. Discos de arranque 88
　　3.4.5. Fecha y Hora 90
　　3.4.6. Habla 90
　　3.4.7. Time Machine 91

4. La red y aplicaciones de Internet 93
　4.1. Conexión a otros equipos desde el Finder 93
　4.2. Compartiendo mi Web 96
　4.3. Aplicaciones de red 97
　　4.3.1. Utilidad de red 97
　4.4. Safari 101
　　4.4.1. A simple vista 101
　　4.4.2. Las preferencias de Safari 106

4.5. Correo electrónico 109
   4.5.1. Las preferencias de Mail 110
   4.5.2. La interfaz de Mail 117
   4.5.3. Redacción de mensajes 122
4.6. iChat AV 123
   4.6.1. Comenzando 124
   4.6.2. Configurando las preferencias 126
   4.6.3. Lo que podemos hacer con iChat 128

5. iTunes 135

5.1. Primeros pasos 135
5.2. Un primer vistazo 137
5.3. Importar música 141
   5.3.1. Importar música del disco duro 141
   5.3.2. Importar música desde CD 144
   5.3.3. ¿Dónde almacena iTunes la música? 146
   5.3.4. La información de las canciones 148
5.4. Listas de reproducción 151
   5.4.1. Listas de reproducción manuales 151
   5.4.2. Listas de reproducción inteligentes 152
5.5. Mejorar la calidad de sonido con el ecualizador 154
5.6. Podcasts 156
5.7. La radio en Internet 156
5.8. Escuchar música en Internet (iTunes Store) 157
5.9. Compartir música en red 158
5.10. Grabación en CD o DVD 160
5.11. iPod, la música de bolsillo 161
5.12. Trucos 163

6. iPhoto 167

6.1. Primeros pasos 167
6.2. Un primer vistazo 167
6.3. Importar fotografías 171
   6.3.1. Importar desde el disco duro 171
   6.3.2. Importar desde un CD, DVD o memoria flash 173
   6.3.3. Importar desde una cámara digital 173
6.4. Organizar y visualizar las fotografías 176
   6.4.1. Buscar las fotografías 176
   6.4.2. Añadir títulos y comentarios a imágenes 177

- 6.4.3. Trabajar con eventos 178
- 6.4.4. Asignar de palabras clave 179
- 6.4.5. Trabajar con álbumes 181
- 6.5. Edición de fotografías 183
  - 6.5.1. Recortar fotografías 183
  - 6.5.2. Mejorar la calidad de una imagen 184
  - 6.5.3. Quitar los ojos rojos 184
  - 6.5.4. Retocar imperfecciones 186
  - 6.5.5. Otras funciones 186
- 6.6. Búsqueda de fotografías 186
- 6.7. Compartir fotografías 188
  - 6.7.1. Compartir fotos mediante una HomePage 188
  - 6.7.2. Compartir fotos por correo electrónico 191
  - 6.7.3. Compartir un pase de diapositivas en Internet 191
- 6.8. Imprimir fotografías 194
- 6.9. Crear de un pase de diapositivas 195
- 6.10. Crear un libros 197
- 6.11. Exportar fotografías como una película 199
- 6.12. Fotos como fondo de escritorio 201
- 6.13. Grabar las fotos en CD o DVD 202
- 6.14. Solicitar copias 202

7. iMovie 205

- 7.1. Un primer vistazo 206
- 7.2. Importar de vídeo 209
  - 7.2.1. Importar desde el disco duro 210
  - 7.2.2. Importar desde una cámara DV 211
  - 7.2.3. Grabar directamente en iMovie 212
- 7.3. Organizar nuestra biblioteca 214
  - 7.3.1. Trabajar con eventos 215
  - 7.3.2. Los clips 216
  - 7.3.3. Seleccionar el vídeo original 218
- 7.4. Edición de vídeo 221
  - 7.4.1. Cómo recortar imágenes de vídeo 221
  - 7.4.2. Ajustar el volumen de los clips 222
  - 7.4.3. Añadir música al proyecto 223
  - 7.4.4. Añadir transiciones 225
  - 7.4.5. Añadir títulos 226
  - 7.4.6. Añadir efectos de sonido y voz al proyecto .. 227

7.4.7. Añadir fotografías 229
7.5. Compartir la película 230
  7.5.1. Compartir una película con iTunes 231
  7.5.2. Compartir una película final con otras
         aplicaciones 231
  7.5.3. Publicación directa en Internet 232
  7.5.4. Exportar a QuickTime 233

8. iDVD 235

8.1. A simple vista 235
8.2. Crear un nuevo proyecto 237
8.3. Añadir una película a nuestro proyecto 239
8.4. Personalización 242
8.5. Visualización del mapa 243
8.6. Previsualización 244
8.7. Preferencias de iDVD 244
8.8. Grabación del DVD 247

9. iCal, Agenda e iSync 249

9.1. iCal 249
  9.1.1. Preferencias de iCal 249
  9.1.2. De un vistazo 251
  9.1.3. Paso a paso 255
9.2. Agenda 261
  9.2.1. Preferencias de la Agenda 261
  9.2.2. A simple vista 265
  9.2.3. Un poco más a fondo 268
9.3. iSync 273
  9.3.1. La zona de dispositivos 273
  9.3.2. La primera sincronización 276
  9.3.3. Configurar los dispositivos 276
  9.3.4. Sincronización 278

A. Algunas aplicaciones y funcionalidades más 279

A.1. TextEdit 279
A.2. Dashboard 281
  A.2.1. Añadir widgets 282
  A.2.2. Quitar un widget 283
  A.2.3. Descargar e instalar un widget 283
  A.2.4. Personalizar un widget 283

- A.3. Notas adhesivas 283
- A.4. Vista Rápida 286
- B. Un UNIX como los demás 289
  - B.1. La arquitectura 289
  - B.2. La aplicación Terminal 290
    - B.2.1. El sistema de ficheros 291
    - B.2.2. Operaciones básicas sobre archivos 293
    - B.2.3. Control y gestión de procesos 294
    - B.2.4. Cambiar permisos de archivos 297
    - B.2.5. Listado de comandos de UNIX 297
- Glosario 310
- Índice alfabético 317

Introducción

Mac OS X Leopard es la mayor versión del sistema operativo desarrollado por Apple, continúa la progresión iniciada en versiones precedentes y, en especial, desde la versión inmediatamente anterior.

Y es que Apple lo ha vuelto a hacer, no se puede decir de otra manera. Y tiene, si cabe, más mérito que nunca. Porque cada vez es más difícil superarse, mantener la línea ascendente, sin desviaciones, constante. Si Mac OS X Tiger era la mejor versión del sistema operativo desarrollado por Apple, en la nueva versión aparecen disponibles hasta 300 nuevas funcionalidades. El resultado es un sistema operativo aún más estable, más robusto, y, sobre todo, muy fácil de usar. Es decir, todo lo contrario de lo que podemos obtener de su competencia más directa. Por tanto, y una vez más, es altamente recomendable para nuevos usuarios, neófitos informáticos, que se librarán por esta vía del yugo que suponen otras soluciones más populares pero también de inferiores prestaciones. Y para muestra no, uno sino, 10 botones:

1. La primera y fundamental novedad es que Leopard es totalmente de 64 bits. La misma versión es capaz de ejecutar aplicaciones en 64 y 32 bits a la vez. También Cocoa es 64 bits. De todos modos, para los más incrédulos, se ofrece **BootCamp**, que permite arrancar Windows XP y Vista en nuestro Mac.
2. Un nuevo escritorio, parecido al existente, con más transparencias. Cambia también la barra de menús y el **Dock**, que coge un toque más 3D, y se mejora la gestión de ventanas que está en primer plano.
3. Una herramienta (*Stacks*) para facilitar la gestión, con carpetas que se sitúan en el **Dock**, por ejemplo, con las descargas que realicemos desde el navegador. Éstas

aparecen desde el **Dock** o en un *grid* y permitirán tener un escritorio más limpio.
4. Más cambios también en el **Finder**. Se permiten búsquedas en otros Mac y otros servidores de la red. Se añade una opción de previsualización, Cover Flow, que funciona igual que su equivalente en iTunes, y que permite ver previsualizaciones de los documentos y navegar a través de ellos más rápidamente.
5. Siguen las novedades con Quick Look, que permite visualizar ficheros. Funciona con ficheros de texto, imágenes, PDFs,... además, los desarrolladores podrán desarrollar *plugins* para que Quick Look soporte sus formatos de fichero. Puede funcionar a pantalla completa.
6. Core Animation es el nombre de la tecnología que permite añadir animaciones a nuestras aplicaciones, de forma automatizada, y todo ello gestionado con el soporte de aceleración de nuestra tarjeta gráfica.
7. **Spaces** es un gestor de escritorios. Podremos tener diversos escritorios, agrupar las aplicaciones, moverlas fácilmente de un escritorio a otro y desplazarnos más rápidamente entre escritorios.
8. El **Dashboard** también recibe algunas actualizaciones, como un nuevo *widget* que permite consultar la cartelera y comprar entradas directamente desde allí. Pero más interesante es la funcionalidad de crear *widgets* directamente desde Safari, "recortando" páginas web.
9. La "novena novedad" está en iChat. Se mejora la calidad del audio con un nuevo *codec* basado en AAC, se añaden pestañas, efectos de Photo Booth. Se pueden compartir vídeos, sólo hay que arrastrarlos en la ventana de iChat; de hecho, cualquier cosa que se pueda ver con Quick Look puede compartirse a través de iChat.
10. La última funcionalidad, es Time Machine, un sistema de *backups* automatizados que permite volver a cualquier instante anterior. Las copias de seguridad se realizan de forma automática. Podemos incluso conectar un disco duro al punto de acceso Airport para que se realicen copias de diversos ordenadores.

Finalmente, tenemos ante nosotros un sistema Unix "pata negra" que ofrece niveles de usabilidad e integración multimedia nunca vistos anteriormente. Los usuarios noveles serán felices, los expertos también y los informáticos estaremos aún más felices de verlos a todos tan contentos y satisfechos.

Cómo usar este libro

Este libro está dirigido a todos aquellos usuarios que hayan cambiado o quieran cambiar a Mac OS X Leopard, ya sea desde una versión anterior del sistema o desde cualquier otro sistema operativo. También a las personas que empiecen a dar sus primeros pasos en el mundo de la informática.

La organización del libro está realizada de forma que no nos perdamos nunca, comenzando desde lo más básico hasta lo más complejo que nos podamos imaginar, pasando por todos los detalles que nos ofrece este nuevo sistema.

En el capítulo 1, aprenderemos a instalar Mac OS X Leopard, ya sea como una actualización desde la versión anterior o una instalación desde cero.

En el capítulo 2, comenzaremos a utilizar el sistema, aprendiendo los elementos más básicos para aprovecharlo al máximo. Aplicaciones como **Finder**, **Dock** y el concepto de Papelera se verán en detalle, además de conocer algunos pequeños trucos para realizar las acciones que queramos más rápidamente. Y por supuesto hablaremos del sistema de búsqueda que Apple ha mejorado notablemente en esta nueva versión, Spotlight.

El capítulo 3 nos ayudará a configurar el sistema a nuestro gusto, viendo en detalle cada elemento configurable. Mediante este capítulo seremos capaces de configurar la red, la impresora o la apariencia del escritorio entre otras muchas cosas más. Y por supuesto hablaremos del nuevo Spaces, con el que terminaremos con el desorden de nuestro escritorio, también veremos la revolucionaria aplicación de copias de seguridad automáticas, Time Machine. Leopard registra las actividades de nuestros hijos para ayudarnos a evitar que se comuniquen con quien no deben, veremos los Controles Parentales.

En el capítulo 4 veremos las posibilidades de la red, así como las aplicaciones incluidas por Apple para la utilización de todos los recursos de la red. Conoceremos al detalle el navegador (Safari), el programa de correo electrónico (Mail) y la aplicación de comunicación con otras personas, ya sea mediante texto, voz o videoconferencia (iChat).

En el capítulo 5, nos adentraremos en el campo de la música digital mediante la aplicación iTunes, aprendiendo a añadir canciones desde un CD de música, a organizar nuestra biblioteca musical, a compartir nuestra música con otros equipos de la red, a escuchar la radio desde Internet y a grabar un CD de audio o de MP3. También veremos las posibilidades que nos ofrece esta aplicación con el reproductor MP3 de Apple, el iPod.

El capítulo 6 nos enseña todo lo relacionado con la imagen digital a través de iPhoto. Gracias a esta aplicación, podremos importar nuestras fotografías (bien desde el disco duro, desde nuestra cámara digital o desde una tarjeta de memoria), organizar nuestra fototeca, editar y retocar fácilmente las fotografías e incluso aprenderemos a crearnos nuestra propia página web, crear y reproducir un pase de diapositivas, una película o grabarnos un CD con nuestras fotos.

En el capítulo 7 aprenderemos a realizar un montaje de vídeo de una manera rápida y sencilla, comenzando desde que grabamos las imágenes con una cámara DV hasta que grabamos la película, pasando por la creación de títulos, transiciones entre escenas, montaje de audio y algunas funciones más.

En el capítulo 8 veremos cómo crear un DVD que incluirá una película, un menú principal, un submenú de selección de escenas y un pase de diapositivas con nuestras fotografías digitales, de una manera sencilla mediante la aplicación iDVD.

El capítulo 9 nos ayuda a mantener una organización y ordenación perfecta de todas nuestras tareas, eventos o contactos. Veremos las distintas aplicaciones que forman este conjunto, con iCal tendremos un calendario a medida, con la agenda podremos realizar múltiples operaciones con los contactos y con iSync mantendremos nuestra organización en distintos dispositivos, como en el teléfono móvil, para poder verla desde cualquier sitio.

Instalación

A lo largo de este capítulo vamos a ver cómo instalar Mac OS X Leopard, los requerimientos mínimos de hardware que necesitamos y cómo debemos configurar el sistema instalado para su correcto funcionamiento.

1.1. Requerimientos del sistema

Mac OS X Leopard puede funcionar en cualquiera de los equipos Macintosh con las siguientes características:

- Ordenador Mac con procesador Intel, PowerPC G5 o PowerPC G4 (a 867 MHz o superior).
- Una unidad de DVD.
- 512 MB de RAM como mínimo.
- Para algunas prestaciones se requiere un proveedor de servicios de Internet.
- 9 GB como mínimo de espacio disponible en el disco, si vamos a instalar las herramientas de desarrollo éstas necesitan 1 GB de memoria y 3 GB de espacio libre en disco.

Si al instalar el sistema operativo aparece un mensaje informándonos de que no disponemos de espacio suficiente en el disco para instalar Mac OS X, podemos anular la selección de algunos ítems para ahorrar espacio, para lo cual haremos clic en **Instalación Personalizada** en el panel de instalación sencilla.

Si vamos a actualizar nuestro sistema operativo, es interesante hacer una copia de seguridad de nuestros archivos más importantes. La forma más sencilla de hacerlo es arrastrar todo nuestro disco duro a un disco duro FireWire.

1.2. Empezando…

Por supuesto, necesitamos el DVD de instalación de Apple para comenzar el proceso. Nada más introducir el DVD en el reproductor, aparecerá la pantalla siguiente:

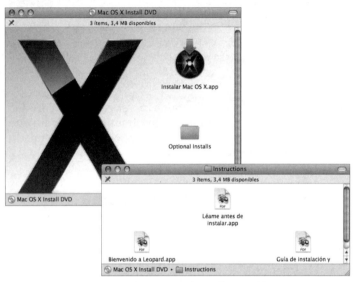

Figura 1.1. Pantalla inicial del DVD de instalación del sistema.

Lo primero que haremos es leernos el archivo llamado `Welcome to Leopard` (Bienvenido a Leopard), ya que contiene detalles técnicos actualizados, que no hemos podido incluir en el libro.

Debemos tener a mano las especificaciones de nuestras conexiones a Internet así como de las cuentas de correo electrónico. Si tenemos una cuenta .Mac la sincronizaremos con el servidor .Mac.

Vamos a comenzar con la instalación, hacemos doble clic en el archivo **Instalar Mac OS X**, el equipo se reiniciará, utilizando el DVD como disco de arranque. Si estamos actualizando desde una versión anterior de OS X, nos pedirá el nombre y la contraseña del Administrador.

También podemos insertar el DVD en el reproductor y reiniciar el ordenador manteniendo pulsada la tecla **C**, para que Mac se vea forzado a utilizar el DVD como disco de arranque.

Lo primero que nos pedirá es escoger el idioma en el que deseamos ver todos los menús y cuadros de diálogo. Lo seleccionamos y hacemos clic en el botón **Continuar**.

Si necesitamos salir del instalador, éste es el momento, para ello seleccionaremos la opción Salir del Instalador en el menú Instalador, al lado del icono **Apple** en la barra de menús. Aparecerá un cuadro de diálogo con los botones opcionales **Reiniciar**, **Disco de arranque** y **Cancelar**. Cuando salgamos del Instalador, el equipo se reiniciará de nuevo a partir del DVD de instalación, ya que el ordenador busca siempre con prioridad en el reproductor de discos la existencia de un sistema operativo. Por lo tanto tenemos que forzarlo a reiniciar desde el disco duro interno de nuestro Mac y podemos hacerlo de una de las dos maneras siguientes:

- Seleccionando **Reiniciar**: Tan pronto como oigamos el "*bong*" sonoro del ordenador, pulsamos el botón del ratón, de este modo forzaremos la expulsión del DVD. Una vez que el disco haya salido, soltamos el botón del ratón, y nuestro equipo arrancará como de costumbre.
- Alternativamente, podemos escoger **Disco de arranque** antes de reiniciar. Se nos presentarán dos opciones para elegir: el disco duro interno que siempre ha utilizado y el DVD residente en el reproductor. Seleccionaremos el disco duro y haremos clic en **Reiniciar**.

1.2.1. Escoger un tipo de instalación

Cuando hagamos clic en el botón **Continuar** de la ventana del Instalador, se nos pedirá, como de costumbre, que aceptemos el acuerdo de licencia del software. Aparecerá una ventana en la que tendremos que seleccionar el disco en el que queremos realizar la instalación de Leopard. Si tenemos más de uno, nuestro Mac elegirá automáticamente el más adecuado, que debe ser un disco duro interno.

Esta ventana muestra un botón muy importante: el botón **Opciones**. Tiene varias opciones para realizar la instalación.

1. **Actualizar Mac OS X o instalar OS X por primera vez:** Si estamos utilizando una versión anterior de OS X, podemos escoger Actualizar; el Instalador reemplazará la versión antigua por la nueva, Leopard. Nuestros archivos, programas, preferencias y todos los ajustes permanecerán tal como estaban en la versión anterior.

2a. **Archivar e instalar:** Si seleccionamos esta opción, el Instalador guardará el sistema operativo actual y los archivos relacionados con él, en una carpeta con el nombre de *Previous System* (Sistema anterior). Luego procederemos a la instalación del nuevo sistema operativo, pero todos nuestros documentos, programas y archivos permanecerán intactos, por si luego necesitaramos copiarlos.

2b. **Conservar los ajustes de usuario y de red:** Una vez seleccionada la opción Archivar e instalar, dispone de otra opción: Conservar los ajustes de Usuario y de red, esta opción conservará los usuarios y las respectivas carpetas y preferencias permanecerán intactas.

Incluso si sólo tenemos una cuenta de usuario, esta opción continúa siendo práctica dado que evita el paso por el Asistente de Configuración durante la instalación, ya que tomará los ajustes de Internet y los aplicará automáticamente.

3a. **Borrar e instalar:** Si hemos realizado una copia de seguridad de todos nuestros archivos y programas importantes, podemos seleccionar esta opción, en lugar de actualizar. Esta operación es conocida como *clean install* o instalación limpia. Es especialmente apropiada si nuestro equipo ha empezado a mostrar últimamente un comportamiento algo raro. Es mejor empezar de cero, con un sistema limpio.

Por supuesto, si realizamos una instalación limpia, absolutamente todo el contenido de nuestro disco duro se borrará.

3b. **Formatear el disco como:** Una vez elegida Borrar e instalar, nos preguntará cómo queremos (re)formatear nuestro disco duro. Tenemos dos opciones: Mac OS Extended (Journaled) (Mac OS extenso o en forma de periódico), que es la que debemos escoger y UNIX File System.

Después de tomar una decisión con respecto a las opciones de formateo, hacemos clic en el botón **Aceptar**. La ventana Destino confirma la opción que acabamos de escoger, así que si todo es correcto, ya podemos hacer clic en el botón **Continuar**.

1.2.2. Personalizando la instalación

La siguiente ventana corresponde a Easy Install (Instalación fácil), pero podemos personalizar la instalación y suprimir archivos de controladores de impresora e idiomas innecesarios. Ahora bien, sólo podemos personalizar esos puntos si no hemos escogido la opción para actualizar el sistema. Es decir, sólo podemos personalizar la instalación si hemos elegido previamente Archivar e instalar o Borrar e instalar.

Seleccionando una de esas dos opciones o si el Instalador nos dice que no disponemos de espacio suficiente en el disco duro para realizar la instalación, haremos clic en el botón **Personalizar**.

- En la lista que aparece, activaremos la casilla de verificación Idiomas. Nos muestra todos los idiomas que se instalarán.
- A continuación, activaremos la casilla de verificación Controladores de impresora. Desactivaremos las casillas de los controladores de las marcas que nos sean desconocidas.

1.2.3. ¡Instalar!

Ya estamos listos para empezar la instalación definitiva. Hacemos clic en el botón **Instalar** para continuar. Si estamos realizando una actualización, este botón se llamará **Actualizar**.

1.3. Asistente de configuración

Una vez concluida la instalación aparecerá el asistente de configuración del sistema, siempre y cuando no hayamos marcado la opción de Conservar los ajustes de usuario y de red o Archivar e instalar. Nos pedirá la información necesaria para conectar el ordenador a Internet y habilitar el programa de correo electrónico, Mail (Correo), para recibir y enviar correctamente.

La mayoría de las ventanas siguientes no necesitan explicación: escoger el idioma, la zona horaria, etc.

También nos preguntará si queremos transferir los archivos existentes en otro Mac o desde una partición separada del mismo ordenador. Esta función, llamada migración, transfiere la mayoría de los archivos de nuestro viejo Mac al nuevo. Podemos seguir las sencillas instrucciones y migrar nuestros archivos inmediatamente. O podemos realizar el proceso de migración más tarde, utilizando el Asistente de Migración (situado en la carpeta de **Utilidades** que a su vez se encuentra en el directorio de **Aplicaciones**).

1.3.1. Ajuste de la red

El Asistente nos preguntará cómo estamos conectados a Internet. Si lo sabemos y conocemos todos los datos, seguiremos las instrucciones que aparecen en la pantalla. Si nos pide información que no conocemos, tendremos que llamar a nuestro proveedor de Internet.

Si tenemos una cuenta .Mac, sólo nos pedirá nuestra dirección de correo electrónico y la contraseña.

1.3.2. Nuestra identidad Apple

Nos pedirá una identidad Apple (*Apple ID*). Si tenemos una cuenta .Mac, la identidad está constituida por nuestra dirección de correo electrónico y contraseña. Utilizaremos la dirección de correo electrónico .Mac completa, incluyendo nuestro nombre de usuario, el símbolo @ y mac.com.

Si no tenemos una cuenta .Mac, dejaremos los campos en blanco y haremos clic en el botón **Continuar**.

Nos pedirá información personal y el lugar dónde utilizaremos el ordenador.

1.3.3. Crear su cuenta

¡Esto es muy importante! Ahora lo que vamos a crear es nuestra cuenta de Administrador como usuario primario y nuestra contraseña de Administrador. No debemos olvidarla, ya que cada vez que instalemos nuevo software, actualizaciones, o intentemos ejecutar ciertos cambios del sistema, nos la pedirá. Las pistas de recordatorio que indiquemos, también son importantes en caso de que se nos olvide.

Si no nos importa que nuestro ordenador pueda utilizarlo cualquier persona, podemos dejar la contraseña en blanco.

1.3.4. ¡Ya está todo listo!

Uno o dos minutos más y habremos terminado. Apple verificará la conexión de nuestro módem y procederá al registro inmediatamente. Si no tenemos conexión a Internet, el sistema guardará la información y la mandará a Apple la primera vez que se conecte. Continuaremos y ya podemos ver nuestro nuevo escritorio. Ya que tenemos todo listo podemos comenzar a disfrutar de Leopard.

Figura 1.2. Nuestro nuevo escritorio.

Conceptos básicos

En este capítulo intentaremos aprender de forma rápida todo lo necesario para poder comenzar a usar este sistema que acabamos de instalar. Si veníamos de Panther o Tiger el cambio no es tan radical, pero si venimos de Mac OS 9 o de Windows puede que en un primer momento no sepamos movernos por este maravilloso mundo. Comencemos por lo primero que nos encontramos una vez instalado el sistema, Finder.

2.1. Finder

Hoy en día todos estamos acostumbrados a manejar un sistema de ventanas por lo que en principio no debería ser complicado entender el funcionamiento de Leopard. Para aquellos que hayan saltado a esta versión desde Mac OS 9, sólo decir que aún sigue habiendo similitudes entre los dos sistemas, los archivos, carpetas, alias, papelera y escritorio siguen existiendo, eso sí, de una forma bastante distinta. Para los que vienen de Tiger, en este caso nos encontraremos con algún cambio frente al sistema anterior.

Una de las novedades es la organización de documentos, en "pilas" o *stacks* en el **Dock**, y el cambio que le han dado a Spotlight, en esta versión es más rápido y más sencillo de utilizar. Además no sólo busca archivos y documentos, sino que desde él podremos abrir aplicaciones, buscar definiciones de palabras, etc.

2.1.1. Ventana de Finder

Empecemos por la estructura de ficheros que Mac OS X nos ha creado de forma automática al instalar el sistema y crear un usuario. Haciendo doble clic sobre el icono del disco duro (habitualmente situado en la parte superior derecha de la pantalla), se abrirá una ventana que contiene los discos y carpetas del sistema. También podemos acceder a la ventana de la utilidad Finder haciendo clic en su icono situado en el Dock.

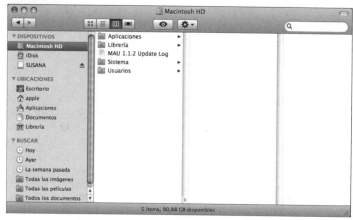

Figura 2.1. Ventana de contenido de sistema.

Como podemos ver en la figura, la ventana se divide en varias zonas. Vamos a explicar cada una de ellas para poder movernos con toda libertad por el sistema de archivos y poder sacarle el máximo partido.

Barra de herramientas

Situada en la parte superior, es como un "mininavegador" para la ventana.

Figura 2.2. Barra de herramientas.

Desde aquí podemos ir a la carpeta anterior o a la siguiente pulsando las teclas **Flechas izquierda** y **derecha,** respectivamente. Con los cuatro botones siguientes podremos cambiar el modo de visualización de la lista de archivos, en iconos, lista, columnas o Cover Flow. A continuación aparece el icono **Vista Rápida**, con ella podremos ver una previsualización del archivo que tenemos seleccionado sin necesidad de abrirlo. Finalmente, aparece el icono **Acción**. Se trata de un menú contextual, desde el que disponemos de distintas operaciones sobre carpetas y ficheros. A este menú también podemos acceder haciendo clic con el ratón en la ventana con la tecla **Control** pulsada.

Las distintas operaciones se muestran en la figura 2.3 y las explicaremos a continuación:

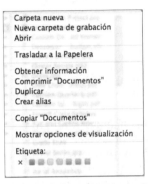

Figura 2.3. Menú contextual.

- Carpeta nueva: Con esta opción crearemos una carpeta nueva dentro de la que tengamos seleccionada.
- Nueva carpeta de grabación: Mediante esta opción crearemos una carpeta de grabación, a la que se nos permite arrastrar los archivos que queramos copiar a un CD o DVD. Finder no hará la copia de los archivos hasta que esté preparado para grabar el disco, lo cual ahorra tiempo y espacio, y asegura que el CD siempre contendrá la última versión de los archivos, ya que lo que hace es crear un enlace al archivo de forma que cada vez que se cambie se actualizará automáticamente en la carpeta de grabación. Cuando deseemos grabar el CD o DVD únicamente, deberemos seleccionar la carpeta de grabación deseada y hacer clic sobre el botón **Grabar**.
- Abrir: Esta opción abre la carpeta o archivo (con la aplicación por defecto) que esté seleccionado en ese momento.
- Obtener información: Esta opción nos muestra una ventana con la información del archivo o carpeta, como el tipo de documento, el tamaño, la ubicación o los permisos entre otros.

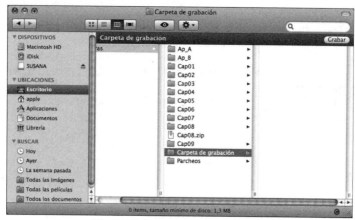

Figura 2.4. Carpeta de grabación.

- **Trasladar a la papelera**: Mediante esta opción enviamos el archivo o carpeta seleccionada a la Papelera.
- **Duplicar**: Si queremos hacer una copia exacta de la carpeta o el archivo utilizaremos esta opción.
- **Crear alias**: Un alias es un acceso directo a un archivo o carpeta, si deseamos tener en algún sitio un acceso directo usaremos esta opción.
- **Comprimir "Documentos"**: En este caso pone "Documentos" porque es la carpeta seleccionada en el ejemplo. Esta opción creará un fichero comprimido (en formato .zip) con el contenido de la carpeta.
- **Copiar "Documentos"**: Esta opción copiará la carpeta o el archivo seleccionado.
- **Mostrar opciones de visualización**: Se abrirá la ventana Opciones de visualización desde la que seleccionaremos las opciones que deseemos como el tamaño del texto, si queremos ver los iconos o si deseamos la columna de vista previa.
- **Etiqueta de color**: Utilizaremos esta opción cuando queramos dar un color a una de las carpetas para que destaque del resto con un simple golpe de vista.

Si el elemento seleccionado es un archivo también tendremos las siguientes opciones:

- **Abrir con**: Nos mostrará una lista con las aplicaciones con las que podemos abrir el archivo, si la deseada no aparece en esa lista podremos seleccionarla pulsando Otra....

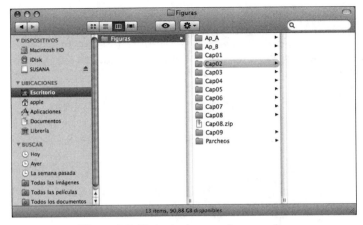

Figura 2.5. Ejemplo de carpeta con color.

- Imprimir: Mediante esta opción se puede imprimir el archivo seleccionado.

En la parte de la derecha disponemos de un cuadro en el que podemos insertar palabras (nombres de archivos) para realizar nuestras búsquedas de una manera fácil y rápida. Más adelante hablaremos en profundidad de las nuevas búsquedas, ahora vamos a ver el resultado al buscar la palabra "Image".

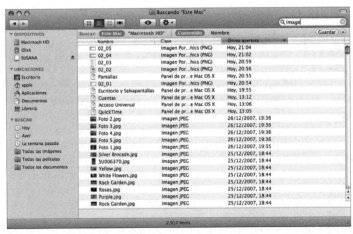

Figura 2.6. Resultado de una búsqueda.

Además podemos personalizar esta barra de herramientas. Para ello basta con que hagamos clic en la barra de herramientas con la tecla **Control** pulsada y, a continuación, hacer clic sobre Personalizar barra de herramientas.... Entonces saldrá una ventana como la que se muestra en la figura 2.7.

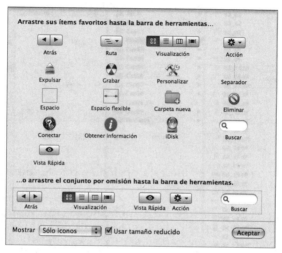

Figura 2.7. Personalización de la barra de herramientas.

Barra de lugares favoritos

Esta barra, situada en la parte izquierda de la ventana nos muestra la lista de discos duros, los volúmenes de la red, nuestro iDisk, además de identificar los volúmenes extraíbles como CD, DVD, discos duros *Fireware* y USB y tarjetas de memoria flash.

Estos dispositivos extraíbles disponen en su lateral de un símbolo en forma de triángulo ▲ para poder desmontar el volumen con un simple clic de ratón sobre dicho símbolo, por lo que ya no es necesario que tengamos que arrastrar el volumen correspondiente a la papelera, como en el sistema anterior. Además, nos muestra nuestras carpetas favoritas como **Apple**, **Aplicaciones**, **Documentos**, **Escritorio** (o **Desktop**) y algunas más. Podemos personalizar la barra de carpetas favoritas simplemente arrastrando (sin soltar el botón ratón) la carpeta que queramos a la parte inferior de la lista de carpetas, tal y como se muestra en la figura 2.9 de la siguiente página.

Figura 2.8. Barra de lugares favoritos.

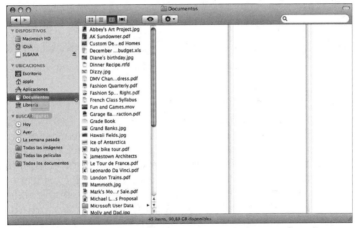

Figura 2.9. Personalización de la barra de lugares favoritos.

Ventana de archivos

Cuando hacemos clic en un volumen o carpeta, éste pasa a ser el punto de inicio y en la parte derecha de la ventana vemos la lista de archivos. En esta ventana disponemos de los archivos y carpetas contenidas en la carpeta seleccionada y navegaremos por ella hasta llegar al elemento que deseemos (figura 2.10).

2.1.2. Vistas de la ventana de Finder

Como hemos mencionado antes, los archivos se pueden visualizar mediante distintas vistas. La vista por defecto es la de iconos, pero podremos indicar para cada ventana la vista que preferimos mediante los iconos de la barra de herramientas.

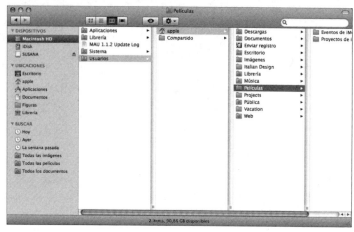

Figura 2.10. Lista de archivos en modo columnas.

Vista Iconos

Esta vista muestra los elementos como iconos. El nombre de los elementos se sitúa debajo de los iconos. Los iconos los podremos alinear en una retícula invisible (Visualización>Alinear) y ordenar por distintos criterios (Visualización>Ordenar por>Criterio de ordenación). Para organizar mejor los iconos iremos a Visualización>Mostrar opciones de visualización o pulsaremos las teclas **Comando-J**, entonces se abrirá la siguiente ventana (véase la figura 2.11).

Desde aquí indicaremos si las opciones que hemos cambiado son para esa ventana o para todas. En Tamaño probaremos el tamaño de los iconos que mejor se adapte a nuestro gusto y al espacio disponible. En Espaciado de la retícula, lo iremos ajustando hasta que se adapte a lo que queremos. En Tam. de texto escogeremos el adecuado para poder leer bien las etiquetas. Indicaremos si se debe previsualizar el icono y si los iconos deben estar ordenados y el criterio de ordenación. En Fondo escogeremos el fondo que queremos en el listado de archivos o carpetas.

Vista Lista

La vista de iconos es muy cómoda para ver rápidamente los elementos que existen, pero cuando tenemos demasiados elementos puede ser muy incómodo encontrar alguno, por lo que es más conveniente la vista Lista. Para seleccionar ésta iremos al menú Visualización>Como lista. Esta vista muestra un listado de los elementos ordenados por nombre y en la que se muestra distinta información en columnas. Al igual que la vista anterior podemos configurarla, para lo cual iremos a Visualización>Mostrar opciones de visualización (figura 2.12).

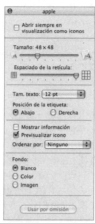

Figura 2.11. Opciones de visualización de Vista Iconos.

Figura 2.12. Opciones de visualización de Vista Lista.

En esta vista indicaremos si los cambios se deben aplicar únicamente a esa ventana o a todas y escogeremos el tamaño de los iconos y del texto. Seleccionaremos aquella información que deseamos que se muestre en las columnas del listado, tales como la fecha de modificación, la fecha de creación, el tamaño del archivo, el tipo, la versión, los comentarios y las etiquetas. Si marcamos la opción **Usar fechas relativas** las fechas serán mostradas de la forma "Hoy", "Ayer"... Si deseamos que la columna tamaño muestre cuánta memoria ocupan entonces marcaremos la opción **Calcular los tamaños**.

Por defecto, esta vista ordena los elementos alfabéticamente por nombre, pero podremos cambiar el criterio de ordenación tan sólo haciendo clic en la cabecera de la columna por la que deseamos que se ordene. También podemos seleccionar la opción **Previsualizar icono**.

Vista Columnas

Esta vista nos permite navegar por el disco y las carpetas de nuestro ordenador. Para seleccionar esta vista iremos a **Visualización>Como columnas**. Según se vayan seleccionando elementos, el contenido de éstos se va mostrando en la columna de la derecha, cuando seleccionemos un archivo la última columna nos mostrará una vista previa del mismo. Podemos desplazarnos por toda la jerarquía del disco duro a través de las columnas y de la barra de desplazamiento horizontal, la cual nos permite volver a carpetas anteriores.

Figura 2.13. Vista en columnas.

Con las opciones de visualización de esta vista únicamente podremos configurar el tamaño del texto, si deseamos que se muestren los iconos y si queremos que aparezca una vista previa de los archivos y podemos decirle cómo debe ordenar los archivos.

Vista Cover Flow

Para seleccionar ésta, iremos al menú Visualización>Como Cover Flow. Esta vista al igual que la Vista columnas, nos permite navegar por el disco y las carpetas, pero con una diferencia, y es que en ella veremos una miniatura (vista preliminar), del archivo, carpeta, aplicación, etc... que tengamos seleccionado. Muestra un listado de los elementos ordenados por nombre y en la que se muestra distinta información en columnas, al igual que la vista anterior podemos configurarla, para lo cual iremos a Visualización>Mostrar opciones de visualización.

Figura 2.14. Opciones de visualización de Vista Cover Flow.

En esta vista indicaremos si los cambios se deben aplicar únicamente a esa ventana o a todas y escogeremos el tamaño de los iconos y del texto. Seleccionaremos aquella información que deseamos que se muestre en las columnas del listado, tales como la fecha de modificación, la fecha de creación, el tamaño del archivo, el tipo, la versión, los comentarios y las etiquetas. Si marcamos la opción **Usar fechas relativas** las fechas serán mostradas de la forma "Hoy", "Ayer"... Si deseamos que la columna tamaño muestre cuánta memoria ocupan, entonces marcaremos la opción **Calcular los tamaños**.

Por defecto, esta vista ordena los elementos alfabéticamente por nombre, pero podremos cambiar el criterio de ordenación tan sólo haciendo clic en la cabecera de la columna por la que deseamos que se ordene.

Nota: *Para cambiar las vistas disponemos de un método abreviado con teclas. Pulsando* **Comando-1** *iremos a la vista iconos, pulsando* **Comando-2** *iremos a la vista lista y pulsando* **Comando-3** *iremos a la vista columnas.*

2.1.3. Estructura de archivos

Como hemos podido ver hay varias carpetas creadas automáticamente por el sistema. A continuación, veremos el contenido de cada una de ellas.

- **Aplicaciones:** Esta carpeta contiene todas las aplicaciones a las que los usuarios del sistema podrán acceder, es decir, los programas comunes a todos los usuarios.

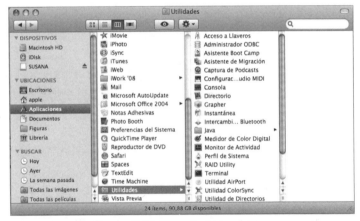

Figura 2.15. Carpeta Aplicaciones.

- **Librería:** Contiene las preferencias y las librerías comunes a todos los usuarios del sistema, además de las imágenes comunes para fondos de escritorio o *plug-ins* para programas.
- **Previous System:** Esta carpeta sólo estará en el caso de haber guardado una copia del sistema anterior al instalar Mac OS X Leopard.
- **Sistema:** Contiene librerías de sistema para que el equipo funcione correctamente.
- **Usuarios:** Contiene todas las carpetas de los distintos usuarios, así como una carpeta llamada **Compartido**

para los elementos compartidos. Esta carpeta contiene una carpeta por cada usuario creada en el sistema, la cual conocemos como **Inicio**. Por regla general esta carpeta se llamará como el nombre corto del usuario, en nuestro caso "apple". Ningún usuario del sistema podrá ver nada que se encuentre dentro de la carpeta de **Inicio** de otro usuario, por lo que aquí es donde debemos guardar nuestros archivos privados.

Figura 2.16. Otros usuarios no podrán ver nuestros archivos.

Mac OS X también se encarga de organizar la carpeta **Inicio** de cualquier usuario, creando las siguientes carpetas:

- **Documentos:** Carpeta dónde podremos guardar nuestros documentos.
- **Escritorio:** Aquí se encontrarán todos los elementos que tengamos en el escritorio.
- **Imágenes:** Carpeta en la que podremos guardar nuestras imágenes, además es utilizada por la aplicación iPhoto.
- **Librería:** Contiene las librerías y preferencias para nuestro usuario. Aquí es donde se almacenan las preferencias que hayamos seleccionado para las distintas aplicaciones que utilicemos.
- **Música:** Carpeta para almacenar la música que tengamos en nuestro equipo. Esta carpeta es utilizada por iTunes.
- **Películas:** Carpeta para almacenar las películas, será utilizada por la aplicación iMovie.

- **Pública:** Esta carpeta es la única a la que el resto de usuarios podrán acceder, por lo que la podremos utilizar para dejar los archivos que queramos compartir.
- **Web:** Esta carpeta se puede utilizar para almacenar nuestros contenidos web o nuestro sitio personal, el cual se publicará en Internet al seleccionar la opción correspondiente (esto lo veremos en el siguiente capítulo).

Figura 2.17. Estructura de la carpeta de Inicio.

2.1.4. Los menús

A continuación, vamos a ver las diferentes opciones de las que disponemos desde los distintos menús de la utilidad Finder.

Menú Apple

Este menú se encuentra situado en la parte superior izquierda de la pantalla y tendremos acceso a él desde cualquier aplicación que tengamos abierta, por lo que de forma rápida podremos acceder a las Preferencias del sistema, a la configuración del Dock, o abrir las aplicaciones o documentos más recientes. A continuación, vamos a ver cada uno de los submenús de los que se compone (figura 2.18).

- Acerca de este Mac: Muestra información de nuestro Mac como el procesador o la memoria. Desde aquí podremos abrir la opción Actualización de Software para buscar actualizaciones de software. Para ello basta con que hagamos clic en el botón **Actualizaciones de Soft-**

ware…. Si queremos obtener más información haremos clic en el botón **Más información…** y éste nos abrirá el Perfil del sistema, desde el que podremos ver toda la información de nuestro equipo (figura 2.19).

Figura 2.18. Menú Apple.

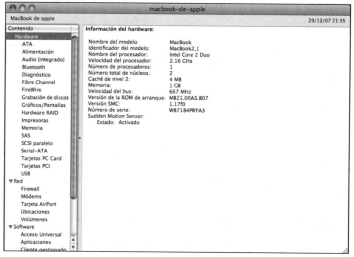

Figura 2.19. Perfil del sistema.

- Actualización de Software…: Busca actualizaciones de software, tanto del sistema operativo como de las aplicaciones instaladas.
- Software Mac OS X…: Nos abre un navegador con posibles descargas para Mac OS X Leopard, así como posibles actualizaciones de software o nuevos controladores.

- **Preferencias del Sistema...**: Abre las preferencias del sistema, que veremos en el siguiente capítulo.
- **Dock**: Desde aquí podremos configurar el Dock, activar o desactivar la ampliación o la ocultación, cambiarlo de situación o ir directamente a las **Preferencias del Dock**.
- **Ubicación**: Desde aquí podremos cambiar la ubicación de nuestro equipo (como veremos más adelante está relacionado con los ajustes de red). En el caso de que nuestro equipo, por ejemplo, sea un portátil, podremos conectarlo a la red en distintos sitios, como en casa o en la oficina. Apple nos da la opción de crear distintas ubicaciones y seleccionar desde aquí en la que nos encontremos sin cambiar cada vez los ajustes de red.
- **Ítems recientes**: Agrupa las últimas aplicaciones abiertas y los documentos recientes. También podemos vaciar el menú. El único inconveniente es que no podemos realizar un borrado selectivo de los ítems.
- **Forzar salida...**: Cuando una aplicación se quede bloqueada podremos forzar su salida con esta opción del menú.

> **Nota:** *Una forma más rápida para forzar salida es pulsar* **Comando-Opción-Escape**.

- **Reposo**: Pondremos el equipo en reposo; se parará tanto la pantalla como los discos.
- **Reiniciar...**: Reiniciará el equipo.
- **Apagar equipo...**: Apagará el equipo.
- **Cerrar sesión apple...**: Cerrará la sesión del usuario actual mostrando la ventana de acceso al sistema para seleccionar un nuevo usuario para entrar en el sistema.

Menú aplicación Finder

Apple considera a la utilidad Finder como cualquier otra aplicación, por lo que dispone de sus propios menús (véase la figura 2.20).

- **Finder**: Desde este menú podremos obtener información sobre la versión de la utilidad Finder, abrir las preferencias de la misma, vaciar la papelera, acceder a los servicios y ocultar o mostrar ésta u otras aplicaciones. En las preferencias podremos configurar cómo queremos que sea nuestro Finder, si deseamos que muestre en el escritorio los discos duros, los discos CD, DVD y los servidores conectados, dónde se abren las carpetas nuevas del Finder, si deseamos que las carpetas se abran siempre en una nueva ventana o si deseamos que la visualización sea siempre en columnas. También podremos cambiar los nombres de las etiquetas y configurar la barra lateral de lugares favoritos (figura 2.21).

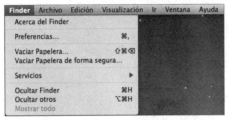

Figura 2.20. Menú aplicación Finder.

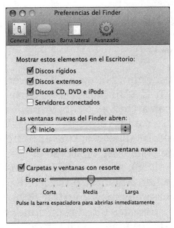

Figura 2.21. Preferencias del Finder.

- Archivo: Este menú es similar al de cualquier aplicación. Desde aquí podremos crear nuevas carpetas, carpetas inteligentes o carpetas de grabación, abrir ventanas de la utilidad Finder, abrir los ficheros, obtener información de los archivos y acceder a la búsqueda de archivos entre otras acciones. Las carpetas inteligentes guardan resultados de una búsqueda de forma que se actualiza automáticamente cuando añadamos o eliminemos documentos, es decir, estas carpetas contienen archivos que se agrupan basándose en criterios de búsqueda, en lugar de su ubicación, por lo que el mismo archivo puede aparecer en varias carpetas inteligentes sin necesidad de moverlo de su ubicación original o duplicarlo.

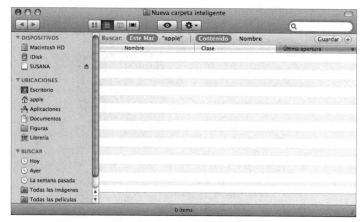

Figura 2.22. Creación de una carpeta inteligente.

- Edición: Desde aquí podremos deshacer la última acción realizada en la utilidad Finder, cortar, copiar, pegar o seleccionar archivos, también podremos acceder al portapapeles y a los caracteres especiales.
- Visualización: Mediante este menú podremos cambiar las opciones de visualización, como el modo vista (iconos, lista o columnas), alinear y ordenar los iconos, ocultar la barra de herramientas o de estado, personalizar la barra de herramientas y mostrar otras opciones de visualización. En estas últimas opciones configuraremos el tamaño de los iconos y del texto, la posición de las etiquetas de los archivos y algunas cosas más como el método de ordenación.
- Ir: Este menú nos ofrece la posibilidad de acudir a distintas ubicaciones de nuestro equipo tanto locales como remotas (iDisk), así como conectarnos a otros servidores.
- Ventana: Desde aquí podremos minimizar ventanas o llevarlas al frente y movernos entre las distintas ventanas de la utilidad Finder abiertas.
- Ayuda: Nos ofrece la Ayuda Mac.

2.2. Spotlight

Spotlight es el sistema de búsqueda del sistema operativo. Con él podremos hallar al instante cualquier cosa que se encuentre en cualquier parte de nuestro ordenador. Para realizar una búsqueda con Spotlight pulsaremos sobre la lupa situada en la parte superior derecha y escribiremos la palabra que queramos buscar en el cuadro de texto que aparece.

Figura 2.23. Cómo buscar con Spotlight.

Sin que nos dé tiempo a pestañear ya tendremos el resultado de la búsqueda en forma de menú. Como se puede ver en la figura 2.23, la búsqueda no sólo se realiza sobre documentos, sino también mensajes en Mail, contactos en la Agenda, calendarios de iCal, Preferencias del Sistema y Aplicaciones.

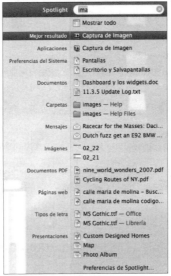

Figura 2.24. Menú de Spotlight.

Pulsando sobre **Mostrar todo**, abriremos la ventana de Spotlight. Desde aquí podremos buscar con mayor precisión, por ejemplo, si sólo sabemos cuándo guardamos o recibimos un archivo. Podemos utilizar períodos de tiempo relativos como "Esta semana" o "Desde ayer" para encontrarlo o si no sabemos el formato del archivo de un elemento podemos escribir una categoría como "Película" o "Imagen".

En Leopard, todas las aplicaciones tienen integrada la tecnología Spotlight.

2.3. Dock

El Dock es nuestra principal herramienta de trabajo. Contiene los iconos de las aplicaciones que deseemos, las de las aplicaciones abiertas, las ventanas minimizadas y la Papelera.

Figura 2.25. Evolución del Dock.

El Dock se divide en dos grupos, la parte de la izquierda queda reservada para las aplicaciones preferidas o las que se están ejecutando y al menos contendrá el Finder. En la parte derecha se colocan carpetas, documentos, ventanas minimizadas y, como poco, el icono de la Papelera.

Para abrir una aplicación o para ir a una de las que se encuentre en ejecución, basta con hacer un simple clic en su icono correspondiente.

Por otro lado, el Dock nos permite personalizar las aplicaciones que contiene, de forma que podamos acceder a ellas de una forma sencilla y rápida. Para llevar una aplicación al Dock basta con que seleccionemos la aplicación del lugar dónde se encuentre en el disco duro, hacer clic y sin soltar el ratón la llevemos hasta el Dock, entonces los iconos que se encuentren en él se desplazarán indicándonos dónde se colocaría la nueva aplicación. Si lo que deseamos es mover un icono que ya está dentro del Dock, lo que haremos será hacer clic sobre él y sin soltar el botón del ratón lo llevaremos hasta el lugar deseado. Para borrar un icono de una aplicación que ya no nos interesa tener allí, haremos clic sobre ella y sin soltar el ratón la llevaremos fuera del Dock. Una vez allí soltaremos el botón del ratón y aparecerá una nube indicándonos que ya se ha borrado. Quitar una aplicación del Dock no significa que se borre dicha aplicación, para ello debemos arrastrarla a la papelera.

Figura 2.26. Eliminando una aplicación del Dock.

Las carpetas del **Dock** se denominan "pilas" o *stacks*. Una pila es un conjunto de documentos, un grupo de aplicaciones o de carpetas, cualquier cosa a la que necesitemos acceder con cierta frecuencia. Cuando hacemos clic en ella, ésta se abre saliendo del **Dock** en forma de arco o retícula, según el número de ítems.

Figura 2.27. Carpeta Aplicaciones en el Dock.

El **Dock** cuenta con dos pilas de serie: la carpeta **Descargas**, donde se guardan las cosas que descargue de Internet, y la carpeta **Documentos**, la ubicación por omisión para los documentos que cree. Puede añadir más pilas arrastrando carpetas al **Dock**. Puede crear tantas pilas como desee (véase la figura 2.28).

Desde el **Dock** podemos navegar por el contenido de una carpeta que se encuentre allí sin necesidad de abrir una ventana nueva, para ello haremos clic sobre la carpeta y, a continuación, se desplegará el contenido de la carpeta pudiendo acceder a cualquiera de sus elementos.

Podemos personalizar el aspecto del **Dock** como queramos, pero este punto en particular lo estudiaremos en el siguiente capítulo de la guía.

Figura 2.28. Carpeta Descargas en el Dock.

2.4. Papelera

En Mac OS X la papelera se puede utilizar para realizar diferentes acciones, aunque todas tienen un mismo objetivo que consiste en la idea de tirar algo.

En primer lugar, si arrastramos una carpeta, una aplicación o un documento la acción que estamos realizando es la de borrar el elemento arrastrado, aunque éste no se elimine inmediatamente. El elemento se queda en la papelera hasta que la vaciemos. Para vaciar la papelera lo haremos haciendo clic sobre el icono y seleccionando la opción Vaciar papelera o en el menú Finder>Vaciar papelera.

> **Nota:** *Para borrar un elemento no es necesario arrastrarlo hasta la papelera, podemos seleccionarlo pulsando las teclas* **Comando-Borrar**.

Otra acción de la papelera es cuando queremos sacar un CD o un DVD. Para ello lo seleccionaremos y lo arrastraremos hasta la papelera, en cuyo momento el icono de la papelera cambia por una especie de triángulo, indicándonos que la acción es expulsar el disco. Entonces el equipo sacará el disco de la unidad.

Por último, cuando tenemos un disco duro *Fireware*, un iPod, iDisk, un *pendrive* o un servidor podemos llevarlo a la papelera. En este caso la acción se denomina desmontar la unidad y es aconsejable hacerlo antes de desconectar el cable. En esta ocasión, la papelera también cambiará el icono.

Figura 2.29. Expulsar un *pendrive*.

Nota: *Para las dos últimas acciones Leopard nos incorpora una pequeña ayuda. Ya no es necesario desmontar las unidades o expulsar los discos arrastrándolos a la papelera. Ahora, desde la barra de lugares favoritos de la ventana del* Finder, *podemos hacerlo directamente haciendo clic en el icono en forma de triángulo situado al lado del disco o unidad.*

2.5. Trucos

En este apartado veremos algunos trucos que nos ayudarán a la hora de manejarnos en el sistema.

- **Crear una carpeta nueva:** El atajo normal para crear una carpeta nueva consiste en pulsar la combinación de teclas **Mayús-Comando-N**, pero disponemos de otra forma para crearlas; o bien desde el botón de **Acción** disponible en la barra de herramientas de la ventana del Finder o, simplemente, haciendo clic con el ratón en la ventana Control, aparecerá un menú contextual desde el que podremos seleccionar la opción Carpeta nueva.
- **Minimizar una ventana:** A veces es difícil acertar a dar en el botón amarillo de la ventana de Finder para minimizar una ventana. Para evitar este problema disponemos de dos opciones más, una de ellas consiste en hacer doble clic en cualquier lugar de la barra de título de la ventana, la otra es pulsar las teclas **Comando-M**.
- **Seleccionar iconos no contiguos:** Para seleccionar iconos no contiguos basta con mantener pulsada la tecla **Comando** y hacer clic con el ratón sobre los elementos que queramos seleccionar.

- **Cambio de tamaño instantáneo del Dock:** Si queremos alargar o empequeñecer el Dock basta con que pongamos el cursor del ratón sobre la línea divisora del Dock (la que separa la parte de aplicaciones de la carpetas y la Papelera), y haciendo clic arrastraremos el cursor hacia arriba para agrandar el Dock o hacia abajo para hacerlo más pequeño.
- **Salir de una aplicación desde el Dock:** Para salir de alguna de las aplicaciones que estén en ejecución en el Dock, basta con colocar el cursor del ratón sobre ella y mantenerlo así un rato (o hacer clic con la tecla **Control** pulsada), entonces aparecerá un menú contextual desde el que seleccionaremos la acción Salir.

Figura 2.30. Salir de una aplicación desde el Dock.

- **Cambiar de aplicación sin utilizar el Dock:** Hay veces que somos demasiado perezosos para ir al Dock a cambiar de aplicación; pulsando las teclas **Comando-Tab** nos desplazaremos entre las aplicaciones abiertas. Para hacerlo en orden inverso debemos pulsar las teclas **Mayús-Comando-Tab**
- **Vaciar la Papelera:** Podemos vaciar la papelera pulsando la combinación de teclas **Mayús-Comando-Suprimir**.

Preferencias del sistema

Muchas veces nos preguntamos cómo podemos hacer que todo esté a nuestro gusto sin tener que estar de un lado para otro perdiéndonos por los entresijos de estos *seres* tan extraños. En este caso, Apple una vez más nos lo ha puesto fácil, ya que en un sólo sitio podemos configurar nuestro ordenador sin tener cualquier problema añadido.

Para abrir las preferencias del sistema tenemos dos opciones, bien lanzarlas desde el Dock mediante un simple clic en , o bien, hacer clic sobre el icono situado arriba a la izquierda y, a continuación, sobre Preferencias del Sistema....

La configuración está agrupada según la utilización que vaya a tener la misma. Además, disponemos de una barra en la parte superior desde la que podremos navegar por las distintas preferencias. Esta barra estará presente mientras tengamos las Preferencias de Sistema abiertas y desde ella podremos acceder a todos los elementos que contiene o realizar búsquedas según el parámetro que queramos configurar.

Para mostrar todos los elementos desde cualquier parte de las Preferencias del Sistema únicamente debemos pulsar sobre el botón **Mostrar todo**. Entonces nos aparecerá la ventana tal y como se puede ver en la figura 3.1.

Si lo que queremos es configurar un parámetro en concreto, pero no sabemos dónde está, esta vez Apple nos lo ha puesto más sencillo: únicamente debemos escribir en el cuadro de búsqueda la/s palabra/s que queremos buscar y automáticamente nos aparecerá un listado con las opciones disponibles y se iluminarán aquellos iconos que contengan los elementos resultado de la búsqueda.

Veamos esto con un ejemplo. Supongamos que queremos configurar la pantalla del equipo, ponemos en el campo de la búsqueda la palabra "panta" y aparecerá un listado como se muestra en la siguiente figura (figura 3.2).

Figura 3.1. Preferencias del Sistema.

Figura 3.2. Resultados de la búsqueda para la configuración de pantalla.

Como podemos ver, además del listado se encuentran iluminados aquellos elementos de configuración que contienen los resultados de la lista. Si seleccionamos una de ellos, entonces se iluminará únicamente el elemento que contiene la opción seleccionada. Por ejemplo, seleccionamos "Resolución de pantalla".

Figura 3.3. Búsqueda de la resolución de pantalla.

Como vemos, se ha iluminado más el elemento Pantallas, por lo que la opción seleccionada está dentro. Ahora únicamente deberíamos pulsar sobre Pantallas y cambiar la resolución de la misma.

3.1. Personal

Desde este grupo podremos configurar las opciones personales del sistema, es decir, el aspecto general de Mac OS X, el salvapantallas, etc.

3.1.1. Apariencia

Para configurar la apariencia del sistema operativo hacemos clic sobre el icono **Apariencia**. Entonces aparecerá la ventana que se ilustra en la figura 3.4.

Desde aquí podemos modificar los colores con los que deseamos que aparezcan los botones, menús y ventanas, así como el color de realce, el cual se utiliza para los textos y listas. Además, podemos decidir cómo deben aparecer las flechas de desplazamiento en las ventanas, si juntas o una arriba y otra abajo, y qué es lo que queremos que haga el sistema cuando hagamos clic en la barra de desplazamiento: ir a la página siguiente o que el contenido de la ventana se sitúe en el punto en el que está el cursor. Marcando la opción **Usar desplazamiento suave** conseguiremos que el contenido de la ventana avance o retroceda prácticamente sin saltos. Si seleccionamos **Minimizar la ventana al hacer doble clic en la barra de títulos** podremos minimizar una ventana enviándola al **Dock** con un doble clic sobre la barra de la misma, en otro caso, la ventana no hará nada.

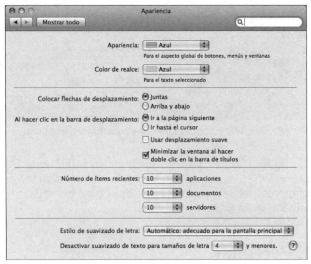

Figura 3.4. Configuración Apariencia.

Podemos indicar al sistema cuántas aplicaciones, documentos y servidores queremos que aparezcan como recientes. Para acceder a los ítems recientes bastará con que hagamos clic en el icono , situado en la parte superior izquierda y movamos el cursor hasta **Ítems recientes** (véase la figura 3.5 en la siguiente página).

Por último, indicaremos el tipo de suavizado que deseamos para la letra, así como el tamaño mínimo al que se le debe aplicar dicho suavizado. Debemos tener en cuenta que el suavizado lo notaremos más o menos dependiendo del monitor del que dispongamos.

3.1.2. Dock

A través de la ventana **Preferencias del Sistema** podemos hacer clic sobre el icono **Dock** para acceder a la personalización del mismo.

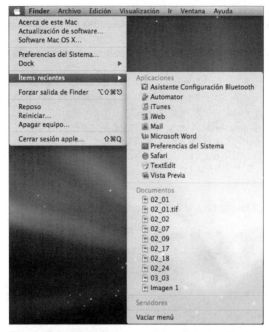

Figura 3.5. Menú para acceder a ítems recientes.

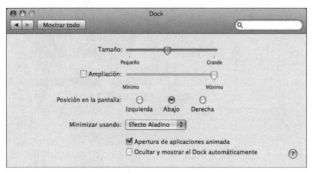

Figura 3.6. Configuración Dock.

Para modificar el tamaño de los iconos que aparecen en el Dock moveremos la barra de Tamaño hacia Pequeño o Grande hasta conseguir el tamaño deseado. Si queremos que cuando pasemos el ratón por las distintas aplicaciones contenidas en el Dock éstas se amplíen, marcaremos Ampliación, además de mover la barra hacia Min. o Máx. según nuestras preferencias.

El Dock puede situarse en distintas partes de la pantalla, por lo que en Posición en la pantalla seleccionaremos la opción que más cómoda nos parezca.

En Minimizar usando seleccionaremos el efecto que deseamos que se utilice cuando se minimicen las ventanas al Dock. Por último, si deseamos que las aplicaciones den una especie de saltos al abrirse marcaremos la opción Apertura de aplicaciones animada y si el Dock nos molesta un poco porque ocupa una parte de la pantalla, bastará con que seleccionemos Ocultar y mostrar el Dock automáticamente y éste se esconderá. Para que aparezca cuando queramos únicamente, debemos mover el ratón a la parte de la pantalla donde se encuentre el Dock.

3.1.3. Escritorio y Salvapantallas

Para acceder a la configuración del Escritorio y Salvapantallas haremos clic sobre su icono desde la ventana de Preferencias.

Figura 3.7. Configuración Escritorio.

Seleccionando Escritorio accedemos a la configuración del fondo. Como podemos ver en la figura 3.7, en primer lugar nos muestra una vista preliminar del fondo que hemos seleccionado. Debajo tenemos las carpetas en las que Mac OS X tiene las posibles imágenes de fondo. Para seleccionar una de ellas, basta con hacer clic sobre uno de los temas y, a continuación, sobre la imagen deseada.

Además, tenemos acceso a la Carpeta de Imágenes, en las que estarán almacenadas las fotos que tengamos en el disco duro, como las fotografías contenidas en los álbumes de iPhoto. Para seleccionar una de ellas seguimos los mismos pasos que en el caso de una imagen de sistema.

También podemos escoger un fondo de una carpeta distinta. Para ello haremos clic sobre +, tras lo cual se abrirá una ventana con las carpetas de nuestro usuario. Desde ahí vamos a la carpeta en la que se encuentre la imagen que queremos poner como fondo de escritorio, la seleccionamos y, por último, hacemos clic sobre el botón **Seleccionar**.

Por otro lado, si no queremos tener siempre el mismo fondo de pantalla, podemos hacer que Mac OS X nos vaya cambiando éste. Para hacerlo debemos activar la casilla de verificación Cambiar imagen y en la lista desplegable situada al lado seleccionaremos cada cuánto tiempo queremos que cambie la imagen del escritorio, y marcaremos la opción Aleatoriamente si lo que queremos es que sea el sistema el que decida qué imagen poner en cada cambio.

Seleccionando Salvapantallas accederemos a la configuración del mismo. Como vemos en la figura 3.8, a la izquierda tenemos una lista con los posibles salvapantallas predeterminados de Apple. Para seleccionar únicamente uno debemos hacer clic sobre el que queramos.

También podemos crearnos nuestro propio salvapantallas con las imágenes contenidas en nuestra carpeta de imágenes. Para ello haremos clic sobre Carpeta imágenes. Si tenemos las imágenes en otra carpeta, entonces haremos clic sobre Seleccionar carpeta... y en el cuadro de diálogo que nos aparece navegaremos hasta la carpeta deseada.

A la derecha veremos una vista previa del salvapantallas seleccionado. Si hacemos clic sobre el botón **Opciones**, podremos configurar las opciones del salvapantallas, si deseamos fundidos entre diapositivas, acercar y alejar la imagen, recortarla en función de la pantalla, centrar la diapositiva y si las deseamos en orden aleatorio. Con el botón **Prueba** podremos ver el salvapantallas en pantalla completa. Para dejar de verlo bastará con que movamos el ratón.

Debemos marcar cuándo queremos que se active el salvapantallas. Éste se activará cuando llevemos el tiempo seleccionado sin hacer nada en el ordenador. Además, activaremos la opción **Usar salvapantallas aleatoriamente** si deseamos que sea el sistema operativo el que escoja el salvapantallas cada vez que se active; si queremos que aparezca el reloj, tan sólo tendremos que activar la opción **Mostrar reloj**. También podemos seleccionar el estilo de visualización del salvapantallas (Pase de diapositivas, Collage o Mosaico).

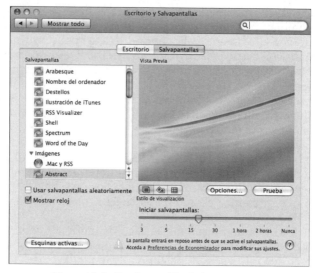

Figura 3.8. Configuración Salvapantallas.

El botón **Esquinas activas...** es equivalente al siguiente punto del libro, **Exposé y Spaces**, por lo que es mejor que lo estudiemos en dicho apartado.

3.1.4. Exposé y Spaces

Exposé nos permite visualizar todas las ventanas que tengamos abiertas facilitándonos el acceso a cualquiera de ellas haciendo clic con el ratón. Para ver todas las ventanas que tenemos abiertas pulsamos la tecla **F9** (en un portátil, pulse **Fn-F9**) y las visualizaremos en miniatura. Para tener un control máximo sobre las ventanas, utilizaremos **Exposé** en combinación con la característica **Spaces** (véase la figura 3.9 en la siguientte página).

Para activar cada una de las posibles opciones de **Exposé** disponemos de las esquinas de la pantalla y de distintas teclas.

En primer lugar vamos a ver en qué consisten cada una de las opciones:

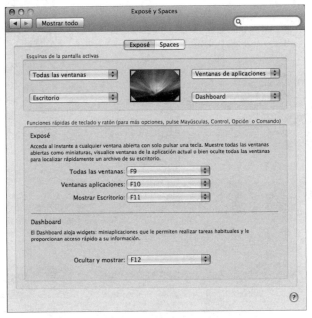

Figura 3.9. Configuración Exposé y Spaces.

- **Todas las ventanas:** Nos permite visualizar todas las ventanas que tengamos abiertas independientemente de la aplicación, es decir, si tenemos por un lado dos ventanas de Safari (el navegador web de Apple), iChat e iTunes abiertos, al activar esta opción (mediante el ratón o la tecla) visualizaremos en la pantalla tanto las dos ventanas del navegador, como el iTunes y el iChat, podremos seleccionar la que queramos (figura 3.10).
- **Ventanas de aplicaciones:** Nos permite visualizar todas las ventanas que tengamos abiertas, pero en este caso sólo las de la aplicación que esté en primer plano, es decir, la que estemos usando. En el ejemplo anterior supongamos que nuestra aplicación activa es el navegador, por lo que al activar esta opción visualizaríamos en la pantalla únicamente las dos ventanas del navegador, tanto iTunes como iChat quedarían ocultas (véase la figura 3.11).

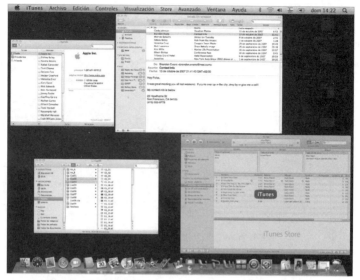

Figura 3.10. Exposé mostrando todas las ventanas.

Figura 3.11. Exposé mostrando las ventanas de la aplicación.

- Escritorio: Nos deja vacío todo el escritorio, ocultando todas las ventanas de las aplicaciones abiertas. Esto puede sernos útil para arrastrar algún archivo del escritorio a cualquier aplicación o abrir un fichero que se acabe de descargar.

Figura 3.12. Exposé mostrando el escritorio.

Ahora veamos cómo podemos activar estas opciones. Como podemos observar en la figura 3.6 podemos seleccionar cada esquina de la pantalla con una acción distinta, de esta forma con sólo mover el puntero del ratón a una de las esquinas activaremos la opción que hayamos seleccionado en dicha esquina. También podemos activarlas mediante teclas: a cada acción le asociamos una tecla y sólo con pulsarla se activará la acción asociada.

Al igual que con **Exposé** podemos seleccionar una tecla o una esquina de la ventana para acceder a **Dashboard**. Pulsando la tecla seleccionada o moviendo el ratón a la esquina escogida activaremos **Dashboard** y veremos los *widgets* que contiene (veremos un poco más en profundidad esta característica en el Apéndice A del libro).

Con **Spaces** organizaremos las ventanas en grupos para impedir su acumulación. Pulse sobre Spaces y a continuación seleccione la opción Activar Spaces, utilizaremos los botones **Fila** y **Columna** para crear tantos espacios como deseemos. Para asignar una aplicación a un espacio determinado, haremos clic en el botón **Añadir** (+) y seleccionaremos la aplicación.

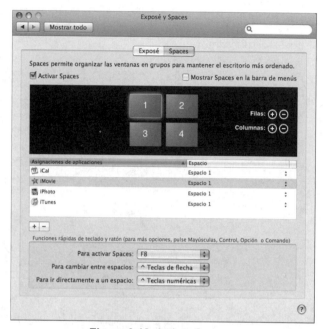

Figura 3.13. Activar Spaces.

Figura 3.14. Spaces.

3.1.5. Internacional

Desde aquí podremos gestionar todo lo referente a nuestro idioma. Seleccionando **Idioma** accederemos a la configuración de idiomas del sistema. A la izquierda aparecen los idiomas disponibles. A continuación, debemos hacer clic sobre un idioma y, sin soltar, arrastrarlo hasta colocarlo en la posición deseada. Este orden se utilizará en los menús de aplicaciones, los cuadros de diálogo y el procesamiento de textos. Cuando realicemos modificaciones debemos tener en cuenta que los cambios tendrán efecto en el **Finder** cuando se vuelva a iniciar sesión, y en las distintas aplicaciones la próxima vez que se vuelvan a abrir.

Figura 3.15. Idioma.

Seleccionando **Formatos** podremos configurar los formatos de las fechas, horas y números. En primer lugar, tendremos que especificar la región en la que nos encontramos (figura 3.16).

Una vez seleccionada, el sistema nos mostrará el formato que tiene para las fechas. Si no deseamos éste podemos personalizarlo, para lo cual haremos clic sobre el botón **Personalizar...**. Como resultado, nos aparecerá un cuadro de diálogo desde el que seleccionaremos las opciones y formatos; además podemos escoger el calendario que deseamos en la lista desplegable **Calendario**. Lo mismo podemos hacer con el formato de la hora o los números y, dentro de éstos, con la moneda. Las aplicaciones y el sistema utilizarán los formatos especificados en este apartado para mostrarnos las fechas, horas y números.

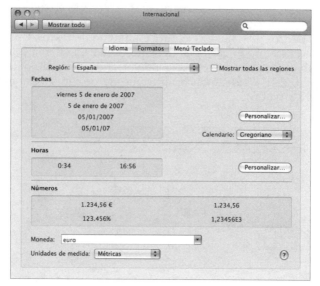

Figura 3.16. Formatos.

Seleccionando **Menú Teclado** accederemos a la configuración del teclado, la cual ya hemos configurado después de la instalación. Si disponemos de varios teclados los marcaremos para poder utilizarlos en cualquier momento. Pulsando en **Funciones rápidas de teclado...** podremos configurar las combinaciones de teclas (figura 3.17).

3.1.6. Seguridad

Desde **Seguridad** podremos configurar la seguridad que queremos en nuestro equipo. Todo dependerá de si el equipo es multiusuario, es decir, usado por varias personas o si el equipo es de uso particular.

FileVault se encargará de proteger nuestra carpeta de inicio mediante la encriptación de su contenido. Automáticamente encriptará y desencriptará los archivos.

Figura 3.17. Menú Teclado.

Eso sí, es muy importante tener en cuenta que los archivos se encriptarán mediante la contraseña de inicio de sesión por lo que si olvidamos dicha contraseña tendremos un problema. Por este motivo, Mac OS X nos da la opción de configurar una contraseña maestra mediante la cual podríamos desencriptar los archivos en el caso de olvidar la contraseña de inicio, por tanto sería conveniente definir una contraseña maestra en el caso de querer activar *FileVault*. Como consejo no escogeremos una contraseña maestra fácil de adivinar, pero debe ser una contraseña fácil de recordar. Para ello, escribiremos en el campo **Indicación** algo que nos ayude a recordarla (figura 3.18).

También podemos definir otras opciones de seguridad para el sistema. Si no deseamos que nadie use nuestro ordenador mientras no estamos en él debemos marcar la opción **Solicitar contraseña para reactivar el equipo si está en reposo o con el salvapantallas**. Para todas las cuentas del ordenador, podemos **Desactivar el Inicio de sesión automático del sistema, Solicitar una contraseña para desbloquear cada panel de Preferencias, Cerrar sesión tras X minuto(s) de inactividad, Usar memoria virtual segura** o **Desactivar el receptor de infrarrojos del mando a distancia**.

Si pulsamos sobre **Firewall** configuraremos el software de cortafuegos que incluye Mac OS X. Un cortafuegos no es más que un mecanismo para proteger nuestro ordenador, bloquea las comunicaciones en red no deseadas y protege los servicios activados. Para activar el cortafuegos pulsaremos el botón **Avanzado…** y seleccionaremos la opción Activar registro de firewall.

Figura 3.18. Definición contraseña maestra.

Podremos también configurarlo, bien permitiéndolo para todas las conexiones entrantes, sólo para servicios básicos o bien para servicios y aplicaciones específicos.

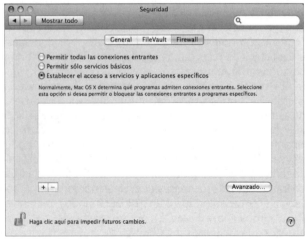

Figura 3.19. Configurando el Firewall.

3.1.7. Spotlight

Spotlight nos facilitará la búsqueda de archivos en nuestro equipo, nos permite realizar una búsqueda rápida y amplia, incluyendo documentos, fotos, música, preferencias del sistema, e incluso palabras específicas dentro de documentos, además de poder especificar atributos, como fecha de creación, fechas de modificación, tamaño, tipo, etc.

3.2. Hardware

3.2.1. Bluetooth

Bluetooth es una tecnología inalámbrica que permite la comunicación entre ordenadores y dispositivos sin necesidad de utilizar los cables que conectan tradicionalmente los dispositivos. En este apartado vamos a configurarlo. Haremos clic en + para seleccionar el tipo de dispositivo que deseamos configurar y seguiremos las instrucciones que aparecen en la pantalla.

> **Nota:** *Si no vemos en* **Preferencias del Sistema** *la opción* **Bluetooth,** *es que el ordenador no está equipado con dicha tecnología.*

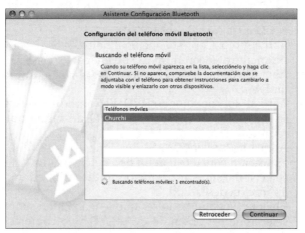

Figura 3.20. Configurando un dispositivo Bluetooth.

3.2.2. CD y DVD

En este apartado indicaremos nuestras preferencias al sistema de lo que tiene hacer cuando insertemos en el ordenador un CD vacío, un DVD vacío, un CD de música, un CD de imágenes y/o DVD de vídeo.

Figura 3.21. Configuración de CD y DVD.

Las distintas opciones de las que disponemos son:

- Preguntar: Al seleccionar esta acción el sistema nos preguntaría lo que deseamos hacer cuando se introduce un CD del tipo en el que se haya seleccionado la acción Preguntar.
- Usar en el Finder: En este caso el CD simplemente aparecería en el Finder y se abriría una ventana con su contenido.
- Abrir iTunes: Si seleccionamos esta acción al insertar un CD se abriría la aplicación iTunes para poder trabajar con dicho CD (ya sea para escuchar música o para grabar el CD en el caso de ser vacío).
- Abrir iPhoto: Con esta opción iPhoto se abriría automáticamente al insertar un CD de imágenes.
- Abrir iDVD: La aplicación iDVD se abrirá al introducir un DVD.
- Abrir el Reproductor de DVD: El Reproductor de DVD se ejecutaría al insertar un DVD de vídeo para su reproducción.
- Abrir otra aplicación: Si deseamos que se abra una aplicación concreta con un tipo determinado, entonces seleccionaremos esta opción, indicando, además, la aplicación deseada.
- Ejecutar script: Puede ser que tengamos un *script* que seleccione el contenido de un CD y lo copie en una carpeta determinada, o bien, si deseamos que esto se

haga automáticamente, entonces seleccionaremos esta opción y el *script* a ejecutar.
- **Ignorar:** Marcando esta opción el sistema no haría nada al insertar un CD o DVD.

3.2.3. Economizador

Desde aquí configuraremos las opciones para el ahorro de energía. Podemos seleccionar los ajustes a los que se le va a aplicar el economizador y la optimización a aplicar. Haciendo clic sobre **Mostrar Detalles**, podremos determinar el tiempo que debe estar el equipo inactivo para entrar en reposo.

Para ello moveremos la barra correspondiente, si no deseamos que el ordenador entre en reposo, entonces desplazaremos la barra a la derecha hasta que llegue a Nunca. También podremos indicar el tiempo para que la pantalla entre en reposo; el mecanismo es el mismo que en el caso anterior, pero aquí hay que tener en cuenta que el tiempo en el que la pantalla se pone en reposo debe ser menor que el de reposo del sistema, ya que si el sistema entra en reposo, entraría en reposo tanto la pantalla como el disco automáticamente. Si deseamos que el disco duro entre en reposo cuando esté inactivo, seleccionaremos la opción Poner el disco en reposo cuando sea posible.

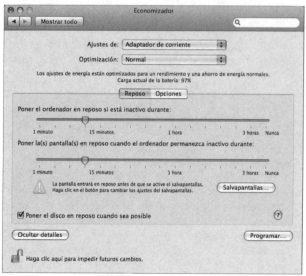

Figura 3.22. Reposo.

Haciendo clic sobre el botón **Programar...** podremos indicar al sistema cuándo debe iniciarse, apagarse o entrar en reposo. Si deseamos que el ordenador se encienda solo, seleccionaremos esta opción y, en la lista desplegable correspondiente, seleccionaremos qué días deseamos que se encienda y a qué hora en concreto. Podemos seleccionar si lo queremos encender entre semana, los fines de semana, cada día o un día de la semana específico. Si deseamos que se apague sólo o que esté en reposo, seguiremos los mismos pasos pero en la opción de Reposo (seleccionaremos la opción que más nos interese en la lista desplegable), la cual tendremos que seleccionar previamente.

Haciendo clic sobre Opciones (desde el detalle del economizador que vimos anteriormente en la figura 3.21), podremos configurar las opciones de activación del equipo. Esto resulta útil cuando queremos acceder a nuestro equipo desde otro y éste está apagado. Las posibles opciones son: Activar el ordenador para permitir acceder al administrador de redes Ethernet. Opcionalmente, podremos seleccionar si deseamos Reducir automáticamente el brillo de la pantalla antes del reposo de la pantalla, Reiniciar automáticamente tras un corte de suministro o Mostrar el estado de la batería en la barra de menús.

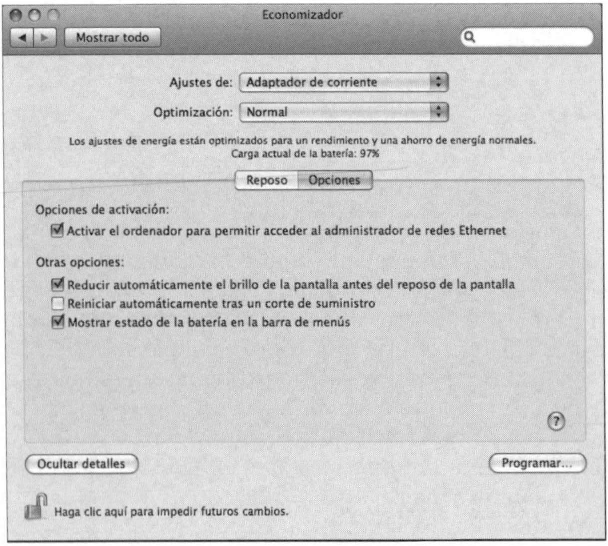

Figura 3.23. Opciones del economizador.

3.2.4. Impresión y Fax

Para configurar una impresora o un fax haremos clic sobre el botón +. Se abrirá una nueva aplicación, Configuración Impresoras, desde la que podemos añadir nuestra impresora. Pulsaremos sobre **Más impresoras...** y seleccionaremos de la lista desplegable la impresora de la que dispongamos (USB, Firewall, Impresión en Windows, AppelTalk, Impresión IP, etc.) y de la lista que nos aparece abajo seleccionaremos la impresora. En algún caso tendremos que navegar por esa lista hasta llegar a la impresora (por ejemplo, si es una impresión Windows navegaremos por los grupos de usuario y los equipos hasta llegar a la impresora compartida).

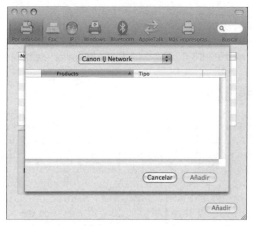

Figura 3.24. Seleccionando impresora.

Haciendo clic sobre Fax iremos a la ventana de configuración del fax. Si queremos que nuestro ordenador reciba faxes seleccionaremos el módem fax en la lista Impresoras, especificaremos nuestro número de fax y las opciones que deseamos para la recepción, como en qué tono se debe responder, dónde queremos guardar los faxes compartidos, si queremos que nos envíe un correo electrónico al llegar un nuevo fax y en qué impresora queremos imprimirlo (figura 3.25).

Haremos clic a continuación sobre **Opciones de recepción...** y seleccionaremos Recibir faxes en este ordenador y la cantidad de llamadas que deben producirse para que el ordenador conteste el fax.

Figura 3.25. Configurando la recepción de faxes.

3.2.5. Pantallas

Desde aquí podemos definir el tamaño de la resolución de la pantalla, la cantidad de colores y la frecuencia de refresco. Haciendo clic sobre **Pantalla** accederemos a la configuración de la misma. Para seleccionar la resolución únicamente debemos hacer clic en la parte de la izquierda, donde se nos muestra un listado con las posibles resoluciones que acepta nuestro monitor y tarjeta de vídeo. El número de colores que utilizará el modo de visualización, lo seleccionaremos en la lista desplegable, al igual que la frecuencia de refresco. En la parte inferior podemos escoger el brillo que deseamos en la pantalla. En este punto hay que tener en cuenta que los colores y la frecuencia de refresco deben ser lo máximos posibles, ya que de este modo conseguiremos una mejor definición (véase la igura 3.26).

Haciendo clic sobre **Color**, podremos acceder al calibrado de colores. Si ya tenemos un perfil definido, basta con seleccionarlo en la lista de la izquierda, tal como se ilustra en la figura 3.27.

En caso de querer calibrarlo haremos clic sobre el botón **Calibrar...** y accederemos al **Asistente del Calibrador de Pantalla**. Para calibrarlo seguiremos las indicaciones que nos vaya mostrando el asistente (figura 3.28).

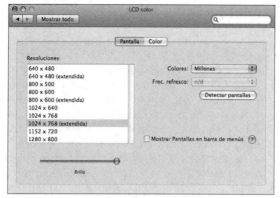

Figura 3.26. Pantalla.

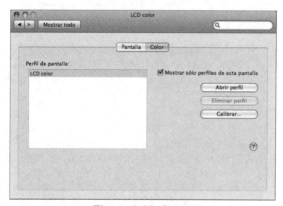

Figura 3.27. Color.

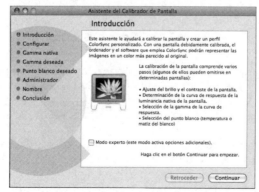

Figura 3.28. Asistente del Calibrador de Pantalla.

3.2.6. Sonido

Haciendo clic sobre **Efectos de sonido** accederemos a la configuración de los sonidos. Cuando realizamos una acción no permitida por el sistema o se abra una ventana de alerta, Mac OS X emite un sonido. Este sonido podemos cambiarlo. Para ello únicamente debemos hacer clic en uno de los sonidos que aparecen en la lista de sonidos de alerta. También podemos asignar sonidos a determinadas acciones de la utilidad **Finder**, para ello activaremos **Reproducir los sonidos de la interfaz de usuario**. Si deseamos escuchar un sonido cuando pulsemos las teclas de volumen, marcaremos la opción **Emitir sonido al cambiar el volumen** o bien podremos seleccionar la opción **Reproducir los sonidos de Front Row**. Desde aquí también podremos definir el volumen de alerta y de salida.

Figura 3.29. Efectos de sonido.

Haciendo clic sobre **Salida** podemos cambiar el dispositivo de salida de sonido del ordenador. En el cuadro nos aparecerá una lista con los posibles dispositivos. Para cambiarlo seleccionamos de dicha lista el deseado (véase la figura 3.30 en la siguiente página).

Podemos introducir sonido en el ordenador utilizando para ello el micrófono interno del equipo o bien recurriendo a un micrófono externo. Seleccionaremos de la lista el dispositivo que queremos para la entrada de sonidos y configuraremos el volumen de entrada.

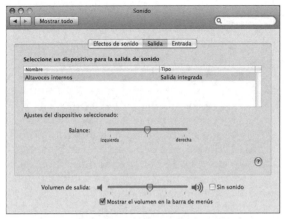

Figura 3.30. Salida.

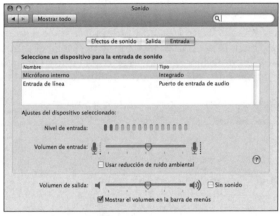

Figura 3.31. Entrada.

3.2.7. Teclado y Ratón

Desde aquí podremos configurar tanto la velocidad de las teclas, como la del ratón. Haciendo clic sobre Teclado, accederemos a la configuración de las teclas. Cuando mantenemos pulsada brevemente una tecla, el carácter empieza a repetirse. Desde este menú podemos configurar el tiempo que debe mantenerse pulsada la tecla antes de que el carácter empiece a repetirse. También podemos configurar la velocidad de repetición.

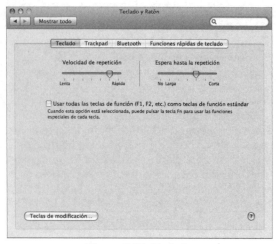

Figura 3.32. Teclado.

Haciendo clic sobre Trackpad, adaptaremos la respuesta del ratón, es decir, la velocidad a la que se desplaza el puntero del ratón por la pantalla y la velocidad con la que debemos hacer doble clic para que el sistema lo reconozca.

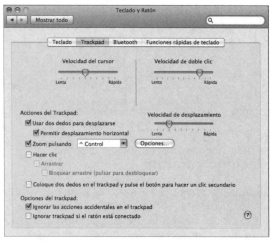

Figura 3.33. Trackpad.

Haciendo clic sobre Bluetooth, configuraremos tanto nuestro teclado como nuestro ratón Bluetooth.

Pulsando en **Funciones rápidas de teclado** accedemos a su configuración. Las funciones rápidas de teclado nos permiten realizar distintas acciones del ordenador de forma rápida, tan sólo con pulsar una combinación de teclas. Podemos activar, desactivar y cambiar las funciones generales, que son combinaciones de teclas utilizadas en todas las aplicaciones. Podría ser interesante desactivar o modificar una función general cuando una determinada aplicación tiene asociada la misma combinación a un comando distinto. Para desactivar la función únicamente debemos quitar la marca de dicha función, situada junto a su descripción. Para modificarla, haremos doble clic en la función rápida correspondiente y escribiremos la nueva combinación de teclas manteniéndolas pulsadas. Para que los cambios surtan efecto debemos salir de todas las aplicaciones abiertas y volverlas a abrir.

Figura 3.34. Funciones rápidas.

3.3. Internet y Red

3.3.1. .Mac

Desde la función **Cuenta** introduciremos nuestro nombre de usuario en **.Mac** y nuestra contraseña. Si aún no estamos registrados en **.Mac** podemos hacerlo con el botón **Más Infor-**

mación y así conseguiremos una cuenta durante 60 días. Al hacer clic en el botón **Más Información**, automáticamente se abrirá el navegador de Internet y mostrará la página de mac.com, desde la cual nos podremos registrar.

La función Sincronizar nos permite mantener una copia de las cosas más importantes del ordenador en los servidores de nuestra cuenta .Mac. De esta forma, podemos tener una copia de seguridad del contenido de nuestro equipo. La sincronización puede realizarse de forma manual o automática, pudiendo escoger cada cuánto tiempo queremos sincronizar (cada hora, cada día o cada semana). Los elementos que podemos sincronizar son Calendarios, Contactos, Widgets de Dashboard, Cuentas de Mail, Favoritos, Llaveros, firmas y buzones de correo inteligentes, etc.

Figura 3.35. Sincronizar.

En **Avanzado…** veremos un listado de los ordenadores que están sincronizados a través de la cuenta .Mac.

En iDisk podemos obtener información sobre nuestra cuenta .Mac, siempre y cuando en el punto Cuenta hayamos indicado nuestro nombre de usuario y la contraseña correspondiente. iDisk es una especie de disco duro virtual: un disco situado en los servidores de Apple, en el que nos dejan un cierto espacio de disco, aproximadamente unos 50MB. Podremos copiar allí cosas para luego cogerlas desde cualquier otro sitio.

Figura 3.36. iDisk.

En esta ventana, en primer lugar veremos el espacio que estamos ocupando. Debemos indicar al sistema si deseamos que haga una copia local de nuestro iDisk (es decir, que copie en nuestro ordenador todo lo que tengamos en el iDisk). Además, debemos indicar lo que deseamos hacer con nuestra carpeta pública, si queremos que la gente acceda sólo para leer los ficheros o que acceda para leer y escribir. También podremos indicar una contraseña para nuestra carpeta pública.

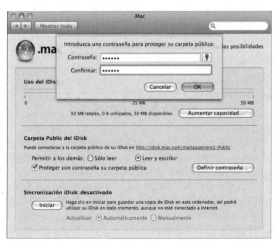

Figura 3.37. Contraseña para la protección de la carpeta pública.

3.3.2. Compartir

Desde aquí configuraremos los servicios que queremos tener en nuestra máquina. En primer lugar, podremos modificar el nombre del ordenador, además de poder modificar el nombre con el que podrán acceder a nuestro ordenador los equipos de la misma subred local. Para cambiar este último nombre debemos pulsar sobre el botón **Editar...**.

En la parte de abajo del cuadro de diálogo podemos configurar los servicios. En la lista de la izquierda disponemos de los posibles servicios que podemos iniciar o detener. Los que estén marcados es porque están activos en el sistema y siempre lo estarán. A continuación detallamos cada uno de los servicios para que así sepamos cuáles debemos tener activos y cuáles no, en función de nuestras necesidades y preferencias.

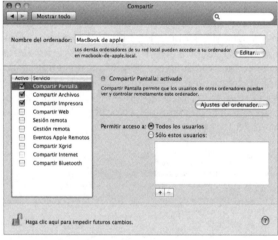

Figura 3.38. Compartir.

- Compartir Pantalla: Si activamos esta opción permitiremos a los usuarios de otros ordenadores que puedan ver y controlar nuestro equipo remotamente.
- Compartir Archivos: Si activamos esta opción permitiremos al resto de ordenadores de la red acceder a nuestra carpeta pública.
- Compartir impresora: Permite que otros usuarios puedan utilizar la impresora conectada a nuestro ordenador.

- **Compartir Web**: Permite que otros usuarios vean las páginas web situadas en las carpetas web del equipo.
- **Sesión remota**: Permite que los usuarios de otros ordenadores puedan acceder mediante SSH.
- **Gestión remota**: Permite a otros usuarios el acceso al ordenador a través del programa Apple Remote Desktop.
- **Eventos Apple Remotos**: Permite que otras aplicaciones de otros ordenadores Mac OS X puedan enviar eventos Apple a nuestro ordenador.
- Compartir Xgrid: Permite que los controladores de Xgrid distribuyan tareas para que las ejecute el ordenador.
- **Compartir Internet**: Permite compartir nuestra conexión a Internet con los ordenadores de la red local
- **Compartir Bluetooth**: Permite compartir archivos con otros equipos y dispositivos con tecnología Bluetooth.

3.3.3. QuickTime

Esta opción nos permite configurar todos los ajustes de QuickTime, como nuestra velocidad de conexión, preferencias de reproducción o si deseamos que se revisen automáticamente las nuevas actualizaciones de esta aplicación.

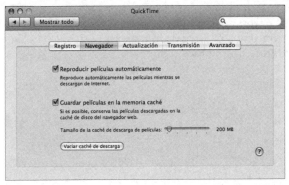

Figura 3.39. Configuración de los ajustes de QuickTime.

3.3.4. Red

Desde aquí podremos modificar los ajustes de red, para lo cual debemos introducir la configuración de red que recibimos del administrador de red o del proveedor de servicios. Para modificar la red, seleccionaremos de la lista el tipo de conexión o puerto que deseamos cambiar y pulsamos **Configurar**.

Figura 3.40. Configuración Red.

En TCP/IP debemos introducir los parámetros de la red, en AppleTalk indicaremos si deseamos activar AppleTalk, en Proxies podremos configurar los servidores *proxies* y en AirPort configuraremos el airport (lo mejor en este caso es dejar que se configure automáticamente).

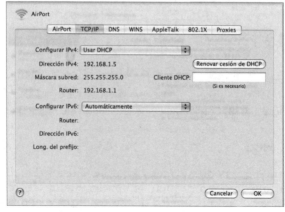

Figura 3.41. Configuración manual.

También podemos crear distintas ubicaciones, por si el equipo se conecta en redes diferentes. Para crear una ubicación nueva seleccionamos Ubicación Nueva en la lista desplegable del menú Ubicación. Nos pedirá un nombre con el que identificar la ubicación, por ejemplo "casa" u "oficina". Configuraremos las opciones que deseamos incluir para la ubicación, escogeremos módem si en esa ubicación nos vamos a conectar por módem o AirPort si nuestra conexión va a ser a una red de área local inalámbrica.

3.4. Sistema

3.4.1. Acceso Universal

Si al usar el ordenador tenemos problemas con algo, éste es el lugar ideal para solucionarlo. Desde Vista, podremos seleccionar VoiveOver, configurar un zoom o contraste mediante colores. VoiveOver nos dice mediante voz a los elementos que vamos accediendo. Si deseamos un zoom, pulsaremos en **Sí** en la opción Zoom y, luego, sobre **Opciones…**. Aquí pondremos las opciones de zoom que deseemos. Para acercar o alejar el zoom utilizaremos las teclas **Comando-Alt-=** y **Comando-Alt—** respectivamente. También podremos poner la pantalla en modo blanco sobre negro o a escala de grises, así como variar el contraste.

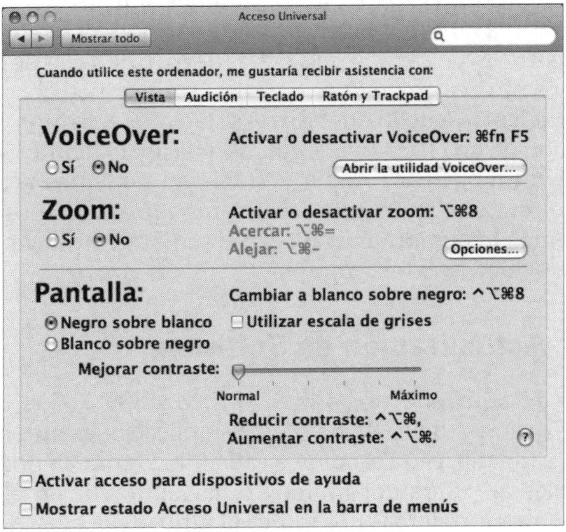

Figura 3.42. Vista.

En Audición, podemos activar un parpadeo de pantalla al emitir un sonido de alerta.

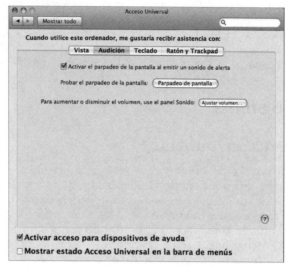

Figura 3.43. Audición.

Desde Teclado, podremos configurar diversos aspectos. Si tenemos problemas para pulsar simultáneamente varias teclas, podemos activar la pulsación fácil de teclas, que consiste en tratar una secuencia (pulsar una tecla detrás de otra) de teclas de modificación como una combinación de teclas. También podemos activar las teclas lentas, que lo que hace es establecer el tiempo entre la pulsación de una tecla y su aceptación (véase la figura 3.44).

Por último, desde Ratón y Trackpad podemos activar el teclado numérico para que actúe como ratón. Además, configuraremos la demora inicial para el movimiento del puntero y la velocidad máxima (figura 3.45).

3.4.2. Actualización de Software

Desde aquí podremos indicar a Mac OS X que busque actualizaciones del sistema o de las aplicaciones automáticamente cada día, cada semana o cada mes. También podremos buscarlas en cualquier momento haciendo clic en el botón **Buscar ahora**. Además nos indica la última vez que se ejecutó correctamente la actualización de software (figura 3.46).

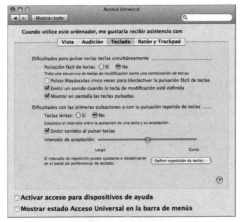

Figura 3.44. Teclado.

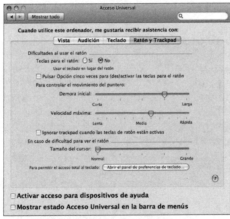

Figura 3.45. Ratón y Trackpad.

Figura 3.46. Actualización de software.

Desde Actualizaciones instaladas podremos ver un listado de las actualizaciones instaladas, indicando la fecha de instalación y la versión, es decir, nos muestra un histórico de versiones.

Figura 3.47. Actualizaciones instaladas.

3.4.3. Controles parentales

Básicamente con los controles parentales podremos configurar cómo utilizarán nuestros hijos el ordenador. Para configurarlo pulsaremos sobre el icono del candado.

Figura 3.48. Control parental.

3.4.4. Cuentas

Desde aquí podremos crear y modificar las cuentas de usuarios del ordenador, así como las opciones de inicio de sesión.

Para acceder a la configuración del inicio de sesión pulsaremos sobre Opc. inicio sesión. A la derecha nos aparecen las distintas opciones. En primer lugar, indicaremos si deseamos iniciar sesión automática y el usuario que accederá. A continuación indicaremos qué tipo de ventana queremos que aparezca al inicio de sesión: si una lista con todos los usuarios del sistema o dos campos abiertos en los que haya que introducir el nombre y la contraseña. Si queremos, podemos hacer que no aparezcan los botones de **Reposo**, **Reiniciar** y **Apagar** en la ventana de inicio de sesión, el menú de teclado, si queremos utilizar VoiceOver en la ventana de inicio y si deseamos que aparezcan las indicaciones de contraseña.

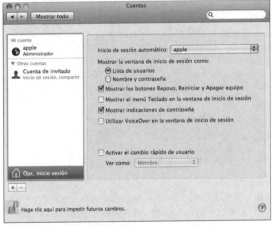

Figura 3.49. Inicio de sesión.

Por último, podemos activar el cambio rápido de usuario. Esta opción permite a los demás usuarios con una sesión iniciada que sigan utilizando el software en segundo plano mientras nosotros utilizamos el ordenador. Una vez está activado podemos cambiar el usuario desde la esquina derecha superior (figura 3.50).

Desde aquí también podemos administrar las distintas cuentas de usuario. Si queremos añadir una nueva cuenta debemos pulsar sobre el botón + y si deseamos eliminar una existente debemos seleccionarla y pulsar el botón -. Para un usuario debemos indicar un nombre, un nombre corto (este nombre ya no se podrá cambiar y además no puede haber en el sistema ningún otro usuario con el mismo nombre corto) y una contraseña.

Figura 3.50. Cambio rápido de usuario.

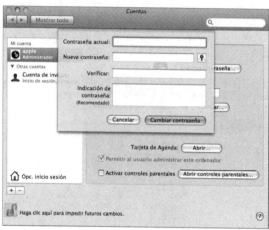

Figura 3.51. Contraseña.

A cada usuario se le podrá asociar una imagen, para lo cual pulsaremos sobre la imagen, y seleccionaremos en el cuadro de lista la que más nos guste. Podemos asociar una imagen predefinida del sistema o una nuestra. Para editar la imagen seleccionada pulsaremos sobre **Editar imagen…** (figura 3.52).

Desde **Arranque** podemos seleccionar las aplicaciones que se abrirán automáticamente al iniciar la sesión.

3.4.4. Discos de arranque

Aquí seleccionaremos el disco o partición de arranque que deseamos utilizar para arrancar el ordenador. Una vez seleccionado pulsaremos sobre **Reiniciar...** para que el sistema se reinicie y arranque con el nuevo disco seleccionado.

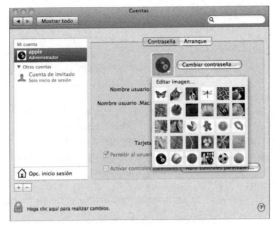

Figura 3.52. Imagen.

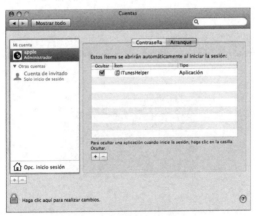

Figura 3.53. Arranque.

Figura 3.54. Configuración Discos de arranque.

3.4.5. Fecha y Hora

Desde aquí podremos ajustar la fecha, la hora y la zona horaria. Este ajuste se puede realizar manualmente o si disponemos de una conexión a Internet podemos hacer que los parámetros se cojan automáticamente de un servidor horario de red.

Haciendo clic en **Fecha y Hora** ajustamos éstas. Para ajustarlas de forma automática marcaremos la opción **Ajustar fecha y hora automát.** y seleccionaremos un servidor horario (habitualmente escogeremos el más cercano). Para un ajuste manual debemos desactivar la opción de ajustar automáticamente. A continuación haremos clic en la fecha de hoy en el calendario y arrastraremos las manecillas del reloj hasta la hora actual. También podemos ajustar la fecha y la hora mediante las teclas de flecha arriba y abajo, o escribiendo directamente en las casillas de fecha y hora actuales. Desde **Zona horaria** configuraremos la zona horaria. Para seleccionar una zona pulsamos en el mapa sobre nuestra ciudad o bien la seleccionamos de la lista desplegable.

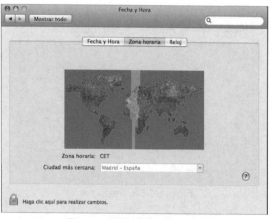

Figura 3.55. Zona horaria.

Desde **Reloj** decidiremos si deseamos ver la fecha y la hora, dónde las visualizaremos, si en la barra de menús o en una ventana, y en qué formato se visualizarán (figura 3.56).

3.4.6. Habla

Pulsando sobre **Reconocimiento de voz** accederemos a la configuración de los **Ítems hablados**. Activando esta opción podremos controlar el ordenador mediante comandos hablados. Haciendo clic sobre Texto a voz especificaremos la voz con la que se reproducirá el texto en las aplicaciones que reproducen texto oralmente.

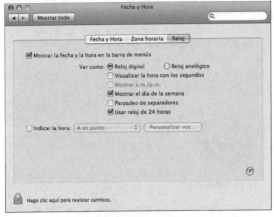

Figura 3.56. Reloj.

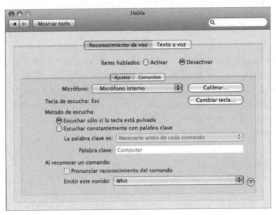

Figura 3.57. Reconocimiento de voz.

3.4.7. Time Machine

Con Time Machine podremos hacer *backups* de todo el contenido de nuestro equipo, archivos del sistema, aplicaciones, ajustes. Una vez hayamos configurado Time Machine, ésta realizará una copia de seguridad del ordenador periódicamente sin que nosotros tengamos que preocuparnos de nada.

Para configurarlo, lo primero que tenemos que hacer es deslizar el interruptor hasta Sí, y hacemos clic en **Seleccionar disco de copia de seguridad**. Seleccionamos el disco donde queremos que se guarden nuestras copias de seguridad y hacemos clic en Utilizar este disco. Si pulsamos en **Opciones**, podremos seleccionar los archivos que queremos incluir/excluir de la copia de seguridad.

Figura 3.58. Configurando Time Machine.

Para restaurar archivos, abriremos una ventana para el archivo que desee restaurar. Hacemos clic en el icono **Time Machine** del Dock. Con las flechas exploramos todas las copias de seguridad que ha creado para localizar el archivo que queremos recuperar, lo seleccionamos y hacemos clic en **Restaurar**.

4

La red y aplicaciones de Internet

En este capítulo veremos los servicios de red ofrecidos por Mac OS X Leopard, cómo conectarnos a otros equipos de la red local, a servidores de otras redes o el modo en que podemos compartir nuestra web, impresora o fax.

Además, explicaremos las aplicaciones que Mac OS X incluye para utilizar los elementos básicos de Internet, como la navegación web (Safari), el correo electrónico (Mail) y la conversación (iChat).

4.1. Conexión a otros equipos desde el Finder

El nuevo Finder de Mac OS X ofrece distintas maneras de conectarnos a un ordenador. Si el equipo al que queremos conectarnos está en nuestra misma red, es decir, en la red de área local, podemos acceder a él rápidamente sin necesidad de conocer su dirección IP. De esta forma podemos tratar la red como un disco duro más.

Para acceder a la red abrimos una ventana del Finder y hacemos clic sobre **Explorar**. Veremos todos los grupos de usuarios definidos en nuestra Red, tanto los de Mac como los de Windows (los diferenciaremos porque los de Windows aparecerán en mayúsculas).

Dentro de la carpeta **Local** encontraremos los servidores de protocolo AppelShare IP. Para tener acceso a estos servidores tenemos que tener activado AppelTalk. Por otro lado, el ordenador al que nos queramos conectar debe tener activada la compartición de archivos. La activación de estos servicios ya la vimos en el capítulo 3 (3.3. Internet y red).

Figura 4.1. Acceso a la red desde una ventana del Finder.

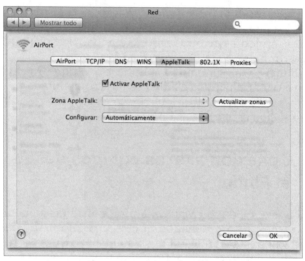

Figura 4.2. AppleTalk debe estar activado.

Haciendo clic sobre el grupo al que queremos acceder veremos una lista con accesos directos a los equipos incluidos en el grupo seleccionado. Al elegir uno de los equipos aparecerá una vista previa desde la que podemos hacer clic en el botón **Conectar como**, para conectarnos a ese ordenador. Se abrirá un cuadro de diálogo en el que debemos introducir un nombre de usuario y una contraseña para el ordenador al que nos conectamos.

Si no conocemos ningún usuario del ordenador al que nos queremos conectar, podemos entrar como invitado, para ello hacemos clic sobre el botón **Invitado**. Conectándonos de esta forma no tenemos acceso a las carpetas de usuarios o a las del disco duro, sólo tendremos permisos para acceder a las carpetas públicas de los usuarios.

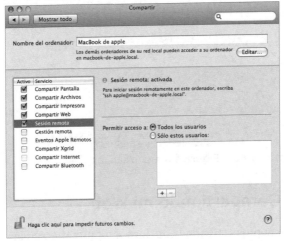

Figura 4.3. El servidor al que nos conectamos tiene que compartir sus archivos.

Figura 4.4. Solicitud de acceso al equipo.

Si lo que queremos es conectarnos a un ordenador que no está en nuestra misma subred, debemos acceder de otro modo. Seleccionamos el menú Ir>Conectarse al servidor… o pulsamos las teclas **Comando-K** y aparecerá la ventana de conexión como se muestra en la figura 4.5.

En el cuadro de texto Dirección del servidor escribiremos el protocolo y la dirección IP del ordenador al que deseamos conectarnos, por ejemplo, afp://172.26.0.5. El protocolo depende del ordenador al que nos queramos conectar, en el caso de que el servidor sea AppleShare IP escribiremos `afp://`, si es un servidor Windows, `smb://`, si es un servidor WebDav, `http://` y en el caso de NFS, `nfs://`. En el caso de NFS después de la dirección IP escribimos la ruta a la que queremos acceder, por ejemplo, `nfs://172.26.0.7/documentos/programación/`.

Figura 4.5. Conexión manual.

4.2. Compartiendo mi Web

Si tenemos activada la opción Compartir Web en las **Preferencias del Sistema** (tal y como vimos en el capítulo 3) podemos compartir nuestra web. Lo que conseguiremos activando la opción Compartir Web, es activar el servidor web Apache de nuestro ordenador para que cualquier persona pueda acceder a las páginas HTML alojadas en nuestra carpeta **Web**.

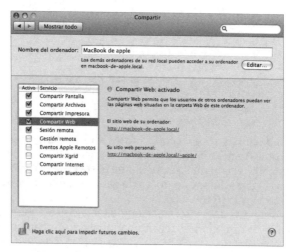

Figura 4.6. Activar la opción Compartir Web.

Si no disponemos de una dirección IP pública, sólo podrán ver las páginas web aquellos usuarios que pertenezcan a la misma subred que nosotros, mientras que si disponemos de una podrán ver nuestras páginas todos los usuarios de Internet.

Para que cualquier usuario pueda acceder a nuestras páginas tendrá que escribir en la dirección URL de un navegador `http://direccion_IP/~nombre_usuario`, o bien, `http://nombre_ordenador.local/~nombre_usuario`, donde `nombre_ordenador` es el nombre que especificamos en **Compartir** dentro de las Preferencias del Sistema.

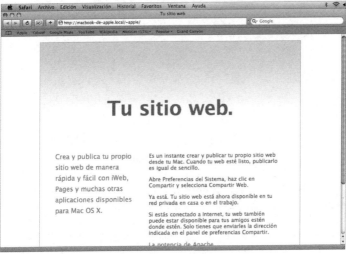

Figura 4.7. Acceso a nuestras páginas web.

4.3. Aplicaciones de red

Mac OS X Leopard nos ofrece distintas utilidades de red, desde controlar y monitorizar la red (utilidad de red) hasta configurar una conexión a Internet (conexión a Internet).

4.3.1. Utilidad de red

Para abrir esta aplicación vamos a la carpeta Aplicaciones>Utilidades, buscamos dicha aplicación y hacemos doble clic sobre ella. Esta aplicación nos ofrece información sobre nuestra red. Desde Info veremos información sobre nuestra tarjeta de red y las estadísticas de transferencia.

Con Netstat accedemos a la información sobre la red, como la tabla del encaminador, las estadísticas de red para cada protocolo, la información de *multicast* o el estado de las conexiones. Seleccionamos una opción en función de la información que queramos ver y hacemos clic sobre el botón **Netstat** para que nos muestre la última información sobre la opción seleccionada.

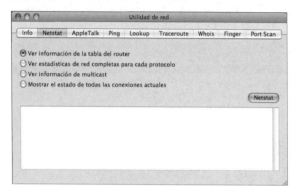

Figura 4.8. Netstat.

Mediante AppleTalk veremos toda la información de este servicio, como estadísticas y número de errores, la información AppleTalk guardada, las zonas de AppleTalk o una entidad especificada para Lookup. Una vez seleccionada la opción deseada hacemos clic sobre el botón **Obtener información de AppleTalk**.

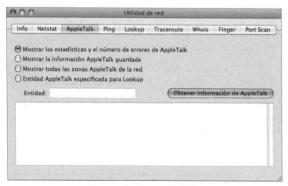

Figura 4.9. AppleTalk.

Mediante el Ping comprobamos la conexión con otro ordenador, para ello en el campo Dirección especificamos la dirección IP (172.26.0.5) o el dominio (www.apple.com) del ordenador con el que queremos comprobar la posible conexión y escogemos si deseamos enviar un número ilimitado de solicitudes o un número determinado, indicando el mismo. Para comenzar con la comprobación hacemos clic sobre el botón **Ping**.

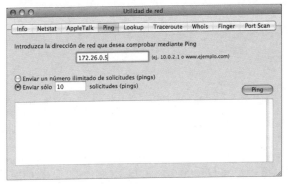

Figura 4.10. Ping.

Con Lookup accederemos a la información sobre los usuarios en red, en el campo Dirección escribimos la dirección IP o el dominio del ordenador y seleccionamos la información deseada. Por último, hacemos clic sobre el botón **Lookup**.

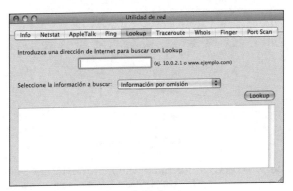

Figura 4.11. Lookup.

Mediante Traceroute trazaremos la ruta que seguimos hasta llegar a la dirección o dominio sobre el que realizamos el *traceroute*. En el campo **Dirección** especificaremos la dirección IP o dominio y haremos clic sobre el botón **Traceroute**.

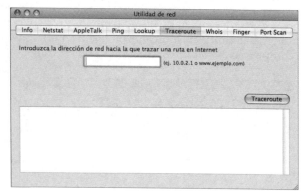

Figura 4.12. Traceroute.

Con **Whois** buscaremos datos de registros de dominios web. En el campo **Dirección**, especificamos la dirección IP o el dominio, seleccionamos un servidor *Whois* sobre el que realizar la búsqueda y hacemos clic sobre el botón **Whois**.

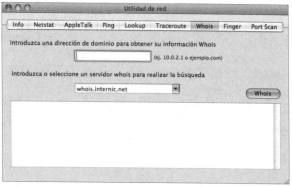

Figura 4.13. Whois.

Finger nos ofrece información sobre los usuarios que están conectados a uno o varios servidores. En los campos escribimos el nombre de usuario y la dirección de dominio y, a continuación, hacemos clic sobre el botón **Finger**.

Por último, **Port Scan** realiza una comprobación de los puertos abiertos. En el campo **Dirección** escribimos la dirección IP o el dominio y seleccionamos la opción **Comprobar sólo puertos entre** si deseamos realizar dicha comprobación sobre un rango de puertos. A continuación hacemos clic sobre el botón **Explorar**.

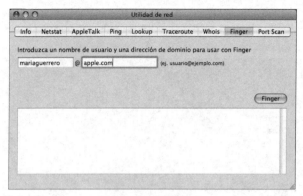

Figura 4.14. Finger.

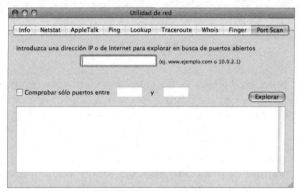

Figura 4.15. Port Scan.

4.4. Safari

Safari es el navegador web de Apple y ofrece un rendimiento y velocidad que no lo ha hecho ningún otro navegador anterior para Mac.

4.4.1. A simple vista

Veremos la interfaz de este navegador para familiarizarnos un poco con él y obtener el máximo rendimiento posible.

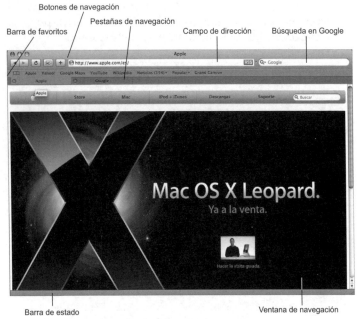

Figura 4.16. La interfaz de Safari.

1. **Botones de navegación**: Desde estos botones podremos navegar por las páginas web: ir a la página anterior o a la siguiente, recargar la página actual, abrir la página con Dashboard y añadir la página actual a favoritos como también añadir una página a **Favoritos** pulsando las teclas **Comando-D**.
2. **Campo de dirección**: Introduciremos aquí la dirección URL de la página a la que queremos ir y pulsaremos la tecla **Intro**. Desde aquí también disponemos de dos de las tecnologías de Apple, **SnapBack** y **RSS**. Muchas veces comenzamos a navegar en una página y llegamos a un sitio que no nos interesa, a veces no sabemos ni por dónde volver al punto de inicio. La tecnología *SnapBack* resuelve este problema ya que, haciendo clic en este botón, conseguimos ir a la última página a la que accedimos sin necesidad de teclear su dirección URL o mediante el acceso a favoritos. Safari, en esta nueva versión, permite visualizar canales RSS de artículos en la ventana del navegador. RSS (*Really Simple Syndication*) es una nueva tecnología que permite

examinar rápidamente un gran número de artículos. Muchos sitios web proporcionan canales RSS para que podamos mantenernos al día con las noticias e información más recientes.

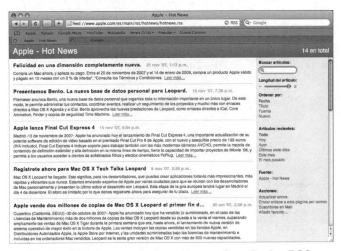

Figura 4.17. Campo de dirección con SnapBack y RSS.

3. **Búsqueda en Google**: Con Safari ya no es necesario colocar un enlace en el motor de búsqueda Google de la barra de herramientas. En este campo, podemos escribir nuestros criterios de búsqueda y el propio navegador será el encargado de ir a Google con los criterios especificados. En la búsqueda también disponemos de *SnapBack*, en este caso Safari vuelve a la página original de los resultados obtenidos en la búsqueda.

Figura 4.18. Búsqueda directa en Google.

4. **Barra de favoritos**: Desde esta barra tenemos un acceso directo a nuestras páginas favoritas. Podemos añadir páginas sueltas o agrupadas según nuestras preferencias.

Figura 4.19. Barra de favoritos.

Cuando añadimos una página a nuestros favoritos aparece una ventana emergente en la que especificamos el nombre que queremos darle a dicha página y el grupo en el que la queremos guardar. Cuando tengamos especificados estos parámetros hacemos clic sobre el botón **Añadir**. Otra forma de añadir un favorito consiste en arrastrar una dirección web a la barra de favoritos.

Figura 4.20. Añadiendo un favorito.

Safari nos ofrece una forma fácil para organizar nuestros favoritos, accediendo a ellos con tan sólo hacer clic en el libro situado en la barra de favoritos . La librería de favoritos de Safari nos resulta familiar puesto que se asemeja bastante a la interfaz de la agenda o a la de iTunes. Desde aquí podemos cambiar nombres, ordenar grupos, crear nuevos grupos y añadir nuevos favoritos.

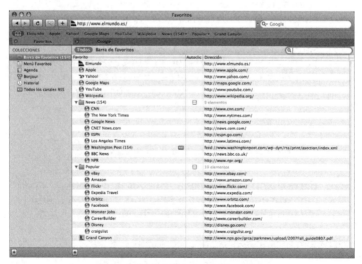

Figura 4.21. Librería de favoritos.

Desde esta librería podemos acceder al historial de páginas visitadas en los últimos días, por lo que podríamos considerar esta carpeta como una especie de "favoritos dinámicos".
Cuando tenemos un grupo en la barra de favoritos, haciendo clic sobre él veremos un listado con las páginas contenidas en ese grupo.

Figura 4.22. Listado de páginas de un grupo de favoritos.

5. **Pestañas de navegación**: Si no queremos tener muchas ventanas abiertas y que cuando estemos navegando se vayan abriendo las páginas en pestañas activaremos la opción Pestañas en las preferencias de Safari, lo que se explicará detalladamente más adelante.

Figura 4.23. Pestañas de navegación.

Para abrir el hipervínculo como una pestaña nueva haremos clic en él mientras mantenemos pulsada la tecla **Comando** (si no tenemos activadas las pestañas el hipervínculo se abrirá en una ventana nueva). Esta acción dejaría en segundo plano la nueva pestaña abierta y mantendría en primer plano la que contenía dicho hipervínculo. Si lo que queremos es abrir una nueva pestaña y que pase al primer plano, haremos clic en el hipervínculo mientras mantenemos pulsadas las teclas **Comando-Mayús**.
6. **Ventana de navegación**: En esta zona veremos las páginas por las que vayamos navegando.

7. **Barra de estado**: En esta barra veremos si una página o la dirección de un hipervínculo se está cargando. Para activar esta barra vamos al menú Visualización>Barra de estado.

> Abrir "http://www.apple.com/es/macosx/" en una pestaña nueva

Figura 4.24. Barra de estado.

4.4.2. Las preferencias de Safari

A continuación veremos las preferencias de Safari para configurarlo a nuestro gusto. Para acceder a las preferencias vamos al menú Safari>Preferencias….

- General: Aquí configuramos el navegador web por omisión, éste será el que se abra y nos muestre una página al hacer clic sobre un hipervínculo desde cualquier otra aplicación. Especificamos qué deseamos ver cuando abrimos nuevas ventanas mediante el menú Archivo>Nueva ventana o pulsamos las teclas **Comando-N**, si queremos abrir la página de inicio que hayamos especificado, una página en blanco, la página actual o los favoritos. Mediante el botón **Usar página actual** configuramos la página actual como nuestra página de inicio y especificaremos cada cuánto tiempo queremos que se eliminen los elementos del historial. Desde aquí también podemos indicar al navegador dónde deseamos guardar nuestros archivos descargados y si queremos abrir alguno cuando termine la descarga de aquellos que sean seguros (películas, imágenes o documentos de texto). Por último, indicaremos si queremos que los enlaces que sean lanzados desde otras aplicaciones se abran en una ventana nueva o en la actual.
- Apariencia: Especificaremos la fuente y el tamaño de la letra, si deseamos mostrar imágenes al abrir la página y la codificación.
- Favoritos: Aquí indicaremos si deseamos incluir algunos elementos en la barra de favoritos (como las direcciones de la agenda o las de Bonjour, caso en el que Safari se encargará de buscar las páginas web de la red local), en el menú de favoritos (como la barra de favoritos, la agenda o Bonjour) y en las colecciones (la agenda y Bonjour). Desde aquí también podemos sincronizar nuestros favoritos con .Mac mediante iSync.

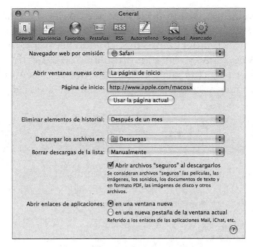

Figura 4.25. General.

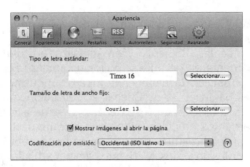

Figura 4.26. Apariencia.

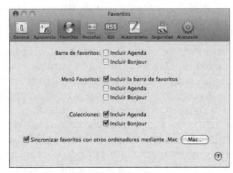

Figura 4.27. Favoritos.

- **Pestañas**: Desde aquí activaremos la navegación por pestañas mencionada en el apartado anterior. Como recomendación dejaremos desactivada la opción **Seleccionar las pestañas y ventanas en cuando se crean** de forma que al abrir una nueva pestaña ésta se quede en segundo plano, aunque esta decisión depende del gusto de cada uno.

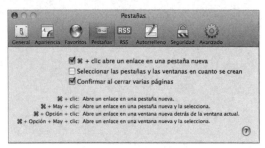

Figura 4.28. Pestañas.

- **RSS**: Desde aquí activamos el lector RSS por omisión, es decir, qué aplicación se va a abrir cuando hagamos clic en un enlace RSS. La opción **Actualizar artículos automáticamente en** permite seleccionar canales RSS para que se actualicen de manera automática aunque no visitemos esas páginas. Desde **Buscar actualizaciones** indicamos cada cuánto tiempo se debe realizar la actualización. **Marcar los artículos leídos** nos permite destacar en un color los artículos que ya hemos leído, o bien resaltar artículos no leídos. Mediante **Eliminar artículos** podemos determinar durante cuánto tiempo debe permanecer la información de los artículos de una canal RSS.
- **Autorelleno**: Seguro que más de una vez, cuando hemos querido darnos de alta en alguna página y aparece un formulario, hemos pensado… ¡qué horror! ¿Tengo que escribir todos los datos? Gracias a Safari se ha terminado este suplicio. Desde aquí le indicamos a Safari si queremos que autorrellene los formularios con la información que contiene nuestra tarjeta en la Agenda. También decidimos si queremos que se guarde la información sobre usuarios y contraseñas, en este caso Safari guardará el nombre de usuario y contraseña introducidos en cada página de forma que, cuando volvamos a acceder a una página en la que ya hemos introducido esos datos, él solo rellene los campos.

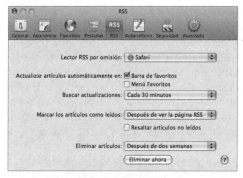

Figura 4.29. RSS.

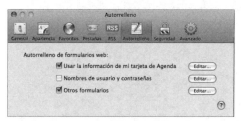

Figura 4.30. Autorelleno.

- Seguridad: Aquí configuraremos la seguridad que deseamos, decidimos si queremos permitir ejecutar módulos, Java o JavaScript y si queremos que se bloqueen las ventanas que aparecen automáticamente (esas que nos ponen tan nerviosos…). Además, especificamos si queremos aceptar las *cookies* siempre, nunca o sólo de los sitios por los que navegamos. Si queremos ver las *cookies* que tenemos hacemos clic sobre el botón **Mostrar cookies**.
- Avanzado: Aquí escogemos un tamaño de letra y una hoja de estilos propia si queremos que Safari la utilice aparte de la que disponga la página, de forma que podemos visualizar las páginas a nuestro gusto. También escogemos un *proxy* si nuestro ordenador se conecta a Internet a través de una red protegida por un cortafuegos.

4.5. Correo electrónico

Hoy en día, no podríamos vivir sin las nuevas tecnologías, a veces nos preguntamos qué sería de nosotros sin el correo electrónico o el teléfono móvil. Lo malo es que nos acostumbramos rápidamente a estas tecnologías y cada vez queremos más. Cada día ponemos las cosas más difíciles a las personas que desarrollan nuevas tecnologías, pero Apple está a la altura de nuestras necesidades y una prueba de ello es su aplicación de correo electrónico (Mail). En esta versión, ha conseguido facilitarnos definitivamente la vida al incorporar mejoras realmente sorprendentes, como su mejora en la búsqueda, los buzones inteligentes, controles parentales y sincronización con .Mac.

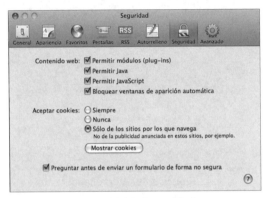

Figura 4.31. Seguridad.

4.5.1. Las preferencias de Mail

Comencemos viendo las preferencias de Mail, ya que el primer paso es crear una cuenta de correo, aunque probablemente ya tengamos una creada al instalar el sistema operativo. Para visualizar las preferencias de Mail vamos al menú Mail>Preferencias....

- General: Desde aquí indicamos el programa de correo por omisión, si queremos que se compruebe cada cierto tiempo si tenemos correo entrante o si preferimos hacerlo manualmente. También indicamos el sonido que deseamos que se reproduzca cuando tengamos un correo nuevo. Podemos añadir invitaciones a iCal automáticamente, además ahora podemos escoger la carpeta de descargas y cuándo deseamos eliminar las descargas no editadas. Si deseamos que Mail nos avise mediante sonidos con otras acciones activaremos la opción Emitir sonidos para otras acciones. Podemos seleccionar qué hacer si el servidor de salida no está disponible y, cuando realicemos una búsqueda en los buzones, hacerla también en la Papelera, en el correo electrónico no deseado y en los mensajes encriptados. Por último, podemos seleccionar si queremos sincronizar con otros ordenadores mediante .Mac, para poder sincronizar reglas, firmas, y buzones de correo inteligentes pulsando sobre el botón .**Mac** y activando la opción **Reglas, firmas y buzones de correo inteligentes** y también podemos activar la opción **Cuentas** para sincronizarlas.

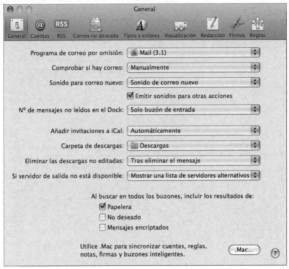

Figura 4.32. General.

Nota: *El* **Dock** *también nos avisa cuando recibimos correo nuevo, indicándonos además cuántos mensajes nuevos hemos recibido.*

- **Cuentas:** Esto es lo más importante en cualquier programa de correo. Desde aquí podemos crear, editar y borrar cuentas de correo. Para crear una nueva cuenta hacemos clic sobre el botón +, en **Información de cuenta** indicamos los parámetros facilitados por el servidor de correo al crear la cuenta, así como la dirección de correo, el servidor entrante o el nombre de usuario. En **Buzones** especificamos nuestras preferencias a la hora de mantener mensajes o de borrarlos y en **Avanzado** configuramos opciones avanzadas como mantener una copia de los mensajes en el servidor, activar la cuenta o incluirla en la comprobación automática de correo. Para editar una cuenta sólo tenemos que seleccionarla en el listado de **Cuentas**. Para borrar una cuenta la seleccionaremos en el listado y hacemos clic sobre el botón ⊟.

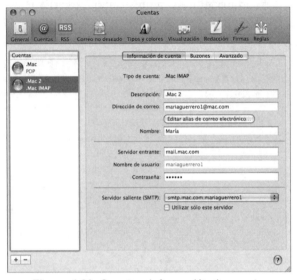

Figura 4.33. Cuentas. Información de cuenta.

- RSS: Desde aquí podemos seleccionar el lector RSS por omisión. Podemos configurar cómo queremos que se busquen las actualizaciones, bien **Manualmente**, **Cada 30 minutos**, **Cada hora** o **Cada día**. Y por último seleccionaremos la opción que más se ajuste a nuestras necesidades a la hora de eliminar artículos.

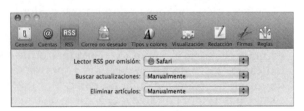

Figura 4.34. RSS.

- **Correo no deseado**: Aquí le vamos a indicar al sistema si deseamos un filtrado de correo no deseado y qué es lo que queremos hacer con él. En esta nueva versión, el filtrado se ha vuelto a mejorar notablemente en comparación con las versiones anteriores, ya que es mucho más exacto.

  Si queremos que Mail se encargue de localizar el correo basura activamos la opción **Activar filtro de correo no deseado** y le indicaremos dónde queremos que deje este tipo de correo, en la bandeja de entrada (modo Filtrado), en un buzón especial denominado **Correo no deseado** (modo Automático) o si deseamos realizar acciones personalizadas (hacer clic en **Avanzado...** para configurarlas). Podemos no someter al filtro de mensaje de correo no deseado, los mensajes cuyo remitente tengamos en nuestra Agenda, cuyo remitente está en la lista de destinatarios anteriores, o bien aquellos mensajes que vayan dirigidos a mi nombre completo. Si nuestro servidor de correo dispone de un servicio de correo no deseado y queremos seguir sus recomendaciones dejamos activada la opción **Aceptar las cabeceras de correo no deseado configuradas por mi proveedor**. Si tenemos reglas de mensaje podemos activar la opción **Filtrar correo no deseado antes de aplicar las reglas**.

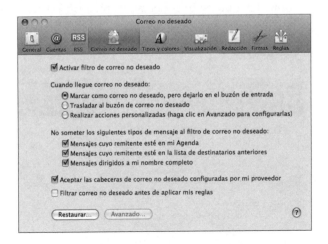

Figura 4.35. Correo no deseado.

- **Tipos y colores:** Aquí especificamos la apariencia que queremos para nuestros mensajes, como el tipo de fuente del buzón, la fuente de la lista de los mensajes, la fuente de los mensajes o el color para los niveles de mensajes (cada vez que respondemos un correo electrónico se crea un nuevo nivel).

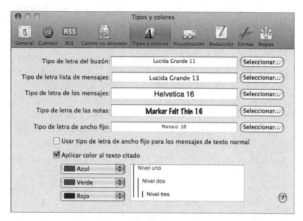

Figura 4.36. Tipos y colores.

- **Visualización:** Desde aquí configuramos las preferencias de visualización, cómo mostrar el estado de los contactos que están conectados, mostrar los mensajes no leídos en negrita y ver las imágenes y objetos insertados en los mensajes HTML o utilizar la agenda predictiva.

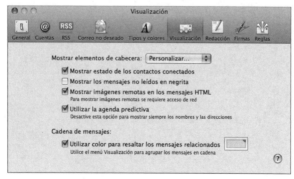

Figura 4.37. Visualización.

Una de las cosas más útiles de Mail son las cadenas de mensaje. Mail es capaz de detectar los mensajes pertenecientes a una cadena (aquéllos que son respuestas de otros) y agruparlos para no andar de un sitio para otro buscando las respuestas de los correos. En Visualización especificamos si queremos realzar los mensajes relacionados en color.

- **Redacción**: Aquí especificamos los parámetros que deseemos para la redacción. En **Redacción** seleccionamos si queremos los mensajes con texto normal o con formato, si queremos que Mail verifique la ortografía mientras escribimos y si queremos incluirnos siempre que mandemos un correo como Cc: o Cco:. En **Direcciones** indicamos si queremos que se completen las direcciones automáticamente, si al enviar un mail a un grupo queremos ver todas las direcciones o si queremos señalar direcciones de otro dominio. En **Respuestas** especificamos si las respuestas deben dejar el mismo formato de mensaje que el original, si queremos que se copie el texto del mensaje respondido y si deseamos añadir un nivel más. También tenemos que seleccionar si queremos incluir el mensaje completo o bien incluir el texto original.

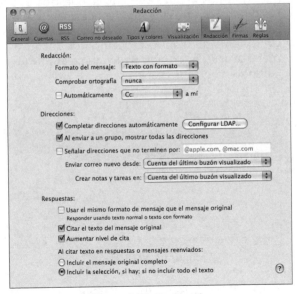

Figura 4.38. Redacción.

- **Firmas:** Es el lugar donde debemos gestionar si queremos incluir una firma en todos nuestros mensajes. Desde aquí podemos crear, editar o borrar firmas. También podemos especificar qué firmas queremos que se inserten en todos los mensajes (en caso de querer alguna).

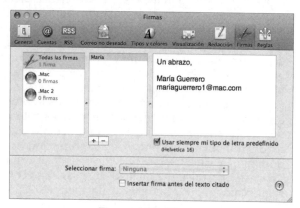

Figura 4.39. Firmas.

- **Reglas:** Las reglas son muy importantes si queremos que Mail nos ayude a organizar nuestros correos en los diferentes buzones que hemos creado. Las reglas se aplican según se vayan descargando mensajes y los coloca en los buzones especificados según nuestras preferencias. Desde aquí podemos crear nuevas reglas, editarlas o borrarlas.

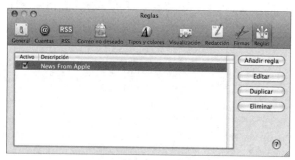

Figura 4.40. Reglas.

Veamos un ejemplo de una regla, supongamos que cada vez que nos llegue un correo de una persona determinada y que contiene un determinado texto en el asunto, queremos que el mensaje se mueva a un buzón específico y que se resalte de alguna manera para que podamos localizarlo rápidamente. En el ejemplo, vamos a crear una regla de forma que si nos llega un mensaje de alguna persona de Anaya conteniendo en el asunto la palabra *Libro* coloque ese mail en el buzón Libro, reproduzca un sonido, marque el mensaje como prioritario y Mail se anime en el Dock. Para ello debemos configurar la regla tal y como se muestra a continuación.

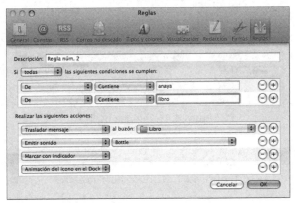

Figura 4.41. Definición de una regla.

4.5.2. La interfaz de Mail

En este apartado veremos la interfaz de Mail explicando cada uno de los elementos de los que está formada.

1. **Barra de herramientas**: La barra de herramientas contiene los botones básicos para un funcionamiento adecuado de la aplicación, permitiendo un acceso rápido a las funciones disponibles en Mail.

   Como cualquier barra de herramientas, ésta puede personalizarse, para ello hacemos clic sobre la barra de herramientas con la tecla **Control** pulsada y seleccionaremos Personalizar barra de herramientas…, para que nos muestre el cuadro de diálogo de la personalización.

   A continuación, veremos una breve lista con los botones más importantes de los que puede estar formada la barra de herramientas:

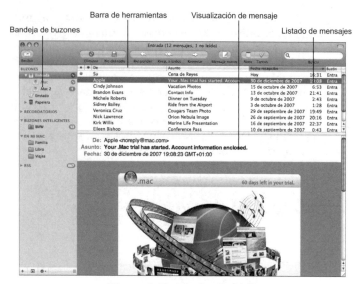

Figura 4.42. Interfaz de Mail.

Figura 4.43. Barra de herramientas.

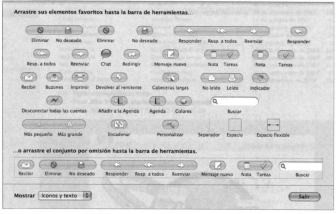

Figura 4.44. Personalizar la barra de herramientas de Mail.

- **Eliminar**: Mediante este botón eliminamos los mensajes seleccionados en el listado de mensajes. Cuando eliminemos mensajes éstos se moverán a la Papelera dentro de la cuenta a la que pertenezcan.

- **Responder**: Utilizamos este botón para responder al remitente de un mensaje, si en las preferencias teníamos seleccionada la opción **Citar texto del mensaje original** el texto del mensaje se copia automáticamente en el nuevo correo y se rellena el campo **Para** con la dirección del remitente.
- **Chat**: Si el remitente del mensaje seleccionado está en línea y queremos hablar con él mediante la aplicación iChat, sólo tenemos que hacer clic sobre este botón.
- **Resp. a todos**: Haciendo clic sobre este botón, se enviará una respuesta al remitente del mensaje y a todos los destinatarios del mismo.
- **Reenviar**: Con este botón reenviamos el mismo mensaje a las personas que especifiquemos en el nuevo correo.
- **Redirigir**: Mediante este botón enviamos el mensaje seleccionado como si fuéramos el remitente del mensaje.
- **Nuevo**: Se abrirá un mensaje en blanco.
- **Recibir**: Con este botón Mail comprobará si tenemos nuevos mensajes en los servidores de correo y si encuentra alguno lo descargará. Si hay algún mensaje en el buzón de salida, Mail lo enviará con este botón.
- **Buzones**: Con este botón visualizamos u ocultamos la lista de buzones.
- **Imprimir**: Abre el cuadro de diálogo para imprimir el mensaje seleccionado.
- **Devolver al remitente**: Con este botón devolvemos el mensaje seleccionado al remitente como si la cuenta no existiera o indicando un problema en el servidor de correo.
- **No leído**: Con este botón volvemos a dejar el mensaje como si no lo hubiéramos leído, es decir, con un círculo azul en la columna de estado del mensaje.
- **Indicador**: Este botón marca el mail seleccionado de forma que resalte para poder localizarlo rápidamente.
- **Añadir a la Agenda**: Añadimos contactos a la agenda de Mac OS X.
- **Agenda**: Mediante este botón accedemos a la agenda para la visualización o edición de contactos.

- **Buscar**: Para realizar una búsqueda escribimos los criterios en el cuadro de texto y automáticamente aparecen los correos que contienen la palabra que se introdujo como criterio de búsqueda en alguno de sus elementos.
- **No deseado**: Mediante este botón, marcamos el mensaje seleccionado como correo no deseado o lo desmarcamos dependiendo del estado actual.
- **Encadenarlas**: Con este botón agrupamos o desagrupamos las cadenas de mensajes.

2. **Listado de mensajes**: En esta zona tenemos la lista de mensajes del buzón seleccionado. Podemos ver distinta información para cada mensaje, como si pertenece a una cadena de mensajes, el estado del mensaje (leído o no leído), el estado del remitente del mismo (en línea o desconectado), el remitente, el asunto, si tiene archivos adjuntos y la fecha de recepción entre otros.

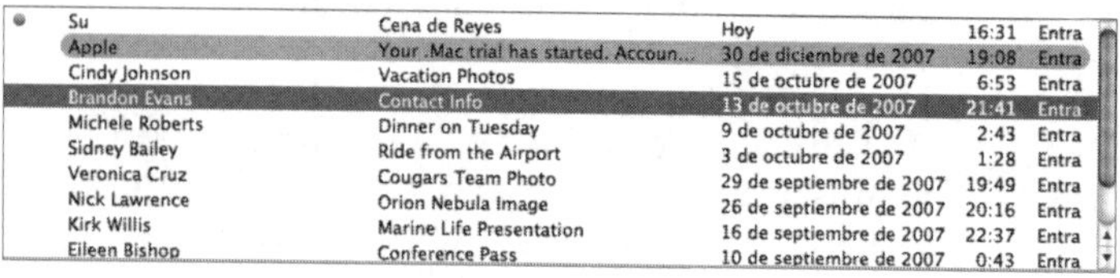

Figura 4.45. Listado de mensajes.

3. **Visualización de mensaje**: En esta zona vemos el contenido del mensaje. En la primera parte vemos la cabecera del mensaje y, a continuación, el cuerpo del mensaje con los archivos adjuntos, en el caso de tenerlos.
4. **Bandeja de buzones**: Desde esta bandeja accedemos a los distintos buzones y podemos gestionarla. Para añadir un nuevo buzón hacemos clic en el botón +, si no teníamos ningún buzón seleccionado el nuevo se creará en la bandeja directamente y, si teníamos alguno seleccionado, se creará dentro del seleccionado. En el buzón de Entrada se encuentran todos los mensajes recibidos que no han cumplido ninguna de las reglas definidas, además, si tenemos varias cuentas, tendremos distintos buzones de entrada de forma que podamos acceder a los mensajes de una determinada cuenta. En Salida, tendremos los mensajes que aún no se han enviado. En el buzón

Borradores se encuentran los mensajes que aún no hemos terminado de escribir. En Enviados se encuentran los mensajes enviados. En la papelera se encuentran los mensajes que hemos eliminado. En No deseado se encuentran los mensajes que se hayan considerado como mensajes "basura".

Figura 4.46. Visualización de mensaje.

Figura 4.47. Bandeja de buzones.

4.5.3. Redacción de mensajes

Seguro que todos hemos escrito ya alguno que otro correo electrónico, ya sea con esta aplicación o con cualquier otra, por este motivo vamos a ver algunos detalles que Mac nos aporta respecto a otros clientes de correo.

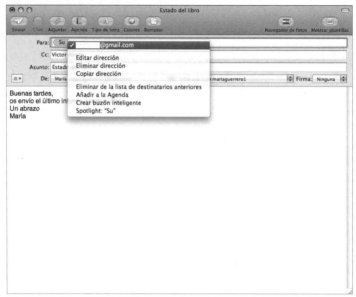

Figura 4.48. Ventana de redacción de mensajes.

En primer lugar, hablaremos del botón **Agenda** situado en la barra de herramientas de esta ventana. Mediante este botón, accedemos a los contactos de la agenda de Mac OS X de forma que con hacer clic sobre el contacto al que queremos enviar el mensaje y, a continuación, sobre el botón **A:** o **Cc:** automáticamente se inserta su dirección de correo electrónico en el campo correspondiente.

Como podemos ver en la figura 4.50 las direcciones ya no se muestran completas, Mail únicamente nos muestra el nombre de forma que ya no tenemos esos campos tan largos. Haciendo clic sobre la flecha blanca que aparece en el nombre de la persona accedemos a un menú contextual desde el que podemos seleccionar la dirección de correo que queremos (en el caso de que el contacto disponga de varias), editar o eliminar la dirección, abrir la agenda o ver si la persona seleccionada está en línea (aparecerá un círculo verde al lado del nombre) o invitarla a una charla mediante iChat.

Figura 4.49. Inserción de destinatarios mediante la agenda.

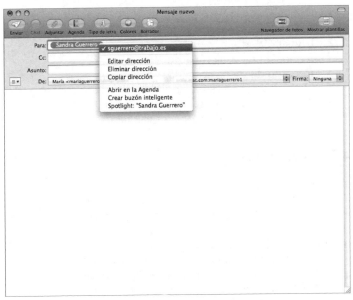

Figura 4.50. Direcciones de correo.

4.6. iChat AV

Hoy en día, todos conocemos ya lo que es un *chat*, pero seguro que alguna vez hemos pensado que nos tiramos más tiempo escribiendo texto que haciendo otra cosa. Con iChat AV podremos seguir escribiendo nuestros *chat* como antes, pero también podemos hablar con nuestros amigos o familiares a través de un micrófono o una videoconferencia, por lo que hablar con gente que se encuentra lejos ya no nos va a salir tan caro, incluso, en esta nueva versión, se nos va a facilitar hablar con más de una persona simultáneamente, ya sea por voz o vídeo.

Lo mejor de iChat es su compatibilidad con Instant Messenger AOL (AIM) o Jabber, por lo que no es necesario que las personas con las que queramos chatear o hablar tengan un Mac (y una cuenta en .Mac) ya que, con sólo disponer de una cuenta AIM y el Messenger de AOL, podremos comunicarnos con ellos.

Es verdad que iChat tiene muchísimo que ofrecer para las conversaciones de voz y de vídeo, pero la mensajería de texto en esta nueva versión gracias a las siguientes incorporaciones:

- Conversaciones por pestañas.
- Múltiples sesiones.
- Invisibilidad.
- Iconos de mensajería animados.
- Reenvío de mensajes SMS.
- Organización personalizada de la lista de contactos.
- Administrador de transferencia de archivos.
- Vistas que permiten ahorrar espacio.

4.6.1. Comenzando

La primera vez que ejecutemos iChat nos pedirá información para configurar nuestras preferencias. En primer lugar nos muestra una ventana dándonos la bienvenida, en ella hacemos clic sobre el botón **Continuar**. A continuación nos pide información para configurar una nueva cuenta de iChat.

Como ya hemos dicho podemos configurar una cuenta de iChat mediante una cuenta de .Mac o de AIM. En el campo **Tipo de cuenta** seleccionamos el tipo de cuenta del que dispongamos, si no disponemos de ninguna podemos crear una haciendo clic en el botón **Obtener una nueva cuenta iChat**. Las cuentas .Mac son gratuitas durante 60 días, aunque nos permiten utilizar la cuenta para iChat indefinidamente. Por último, en los campos **Nombre usuario** .Mac y **Contraseña** escribimos nuestra dirección de correo en el caso de ser una cuenta .Mac o nuestro nombre de usuario en el caso de ser una cuenta AIM y nuestra contraseña. Una vez tengamos rellenada la información, hacemos clic sobre el botón **Continuar**.

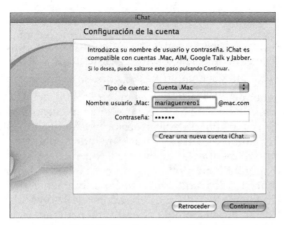

Figura 4.51. Configurar nueva cuenta.

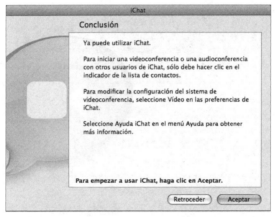

Figura 4.52. iChat configurado.

Si no tuviéramos una cuenta, haremos clic en el botón **Consiga una cuenta de iChat**. Esto nos llevará a Mac.com, donde podemos conseguir una cuenta .Mac gratuita durante 60 días. También podemos visitar www.AIM.com y abrir una cuenta gratuita de AIM, que podremos utilizar como nombre de contacto. Si tenemos una cuenta Jabber, podemos utilizarla igualmente, o bien podemos conseguir una cuenta gratuita de Google Talk en www.google.com/talk, que es también una cuenta Jabber. Incluya @gmail.com en su nombre de contacto en la configuración de iChat.

4.6.2. Configurando las preferencias

A continuación veremos las preferencias que podemos configurar para un correcto funcionamiento de iChat.

- General: Desde aquí especificamos nuestras preferencias generales. La primera es elegir la aplicación IM por omisión, si al salir queremos ajustar nuestro estado a "Sin conexión" o al iniciar sesión ajustar nuestro estado a disponible, mostrar figuras para indicar nuestro estado, enviar respuesta automática con mi mensaje de no disponibilidad, podemos animar las fotos de nuestros contactos activando dicha opción. También podemos seleccionar el estado que debe aparecer al volver al equipo y estar "No disponible". Por último podemos especificar la carpeta en la que queremos que se descarguen los archivos recibidos.

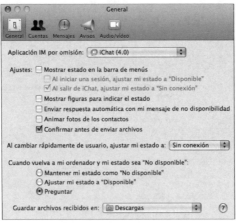

Figura 4.53. General.

- Cuentas: Configuramos las cuentas para el iChat, pudiendo añadir, borrar y editar cuentas. Dentro de Información de Cuenta configuramos el nombre de usuario y contraseña e indicamos si al abrir iChat se conectará automáticamente. En Seguridad, podemos configurar el nivel de seguridad y a qué contactos permitir que vean nuestro estado. Y en Ajustes del servidor, configuraremos los datos del servidor, si queremos conectarnos usando proxy o bien elegir los ajustes por omisión.

Figura 4.54. Cuentas.

- Mensajes: Especificamos la apariencia de los mensajes, como el color de los globos de texto y el de la letra. Una de las opciones más importantes es la de Guardar automáticamente transcripciones de chat en:. Marcaremos esta opción si queremos que iChat guarde automáticamente en la carpeta **iChats** dentro de la carpeta de **Documentos** las conversaciones mantenidas.

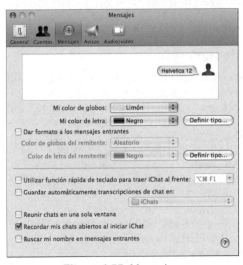

Figura 4.55. Mensajes.

- **Avisos:** Especificamos las acciones que deseamos que iChat realice cuando ocurran ciertos sucesos. En la lista **Evento** escogeremos el evento que vamos a configurar y marcamos las opciones que deseemos.

Figura 4.56. Avisos.

- **Audio y vídeo:** Aquí vemos una vista previa de lo que enfoca la cámara, indicamos el micrófono que tenemos y nuestro ancho de banda de forma que la resolución sea la indicada. Desde aquí podemos también seleccionar un fondo para nuestro chat de vídeo.

4.6.3. Lo que podemos hacer con iChat

En este apartado veremos lo que iChat nos ofrece.

Listados de contactos

Si hemos activado el servicio de mensajería Bonjour tendremos acceso al listado de los que están conectados en la red de área local. La lista de Bonjour no podemos modificarla ya que iChat es el que se encarga de buscar a las personas de la misma red y las añade al listado. Sin embargo, en la lista de contactos tenemos control absoluto, podemos añadir nuevos contactos haciendo clic sobre el botón +, de forma que se abre la agenda de Mac OS X donde seleccionaremos el contacto que queramos añadir.

Haciendo clic sobre un contacto, podremos realizar diferentes acciones como chatear, haciendo doble clic sobre el contacto; mantendremos una conversación (un chat de texto), los contactos cuyos nombres aparecen en gris no se encuentran disponibles en este momento.

Figura 4.57. Ésta es una lista de contactos.

Figura 4.58. Esto es un Chat de texto.

Para poder utilizar iChat, lo primero que tendremos que hacer es crearnos nuestra lista de contactos. Para ello realizaremos los siguientes pasos:

1. Iremos al menú **Ventana** y seleccionaremos la opción **Lista de contactos**.
   Si la barra de títulos del panel **Lista de contactos** nos dice que no está disponible, haremos clic en el pequeño triángulo adjunto al aviso y seleccionaremos **Disponible**.
2. Para añadir un contacto nuevo, haremos clic en el signo más (+), situado en la parte inferior del panel o seleccionaremos la opción **Nuevo contacto** en el menú **Contactos**.
3. A continuación aparece un cuadro de diálogo, en el que introduciremos el nombre de cuenta de la persona o el

nombre de contacto en el campo **Nombre de cuenta**. Seleccionaremos el tipo de cuenta si se trata de una cuenta AIM o de una cuenta .Mac. También podemos escoger un contacto de nuestra Agenda, tras hacer clic en el botón de revelado.

Figura 4.59. Mostrando los contactos de la Agenda.

4. Seleccionaremos el grupo en el que queremos que aparezca el nuevo contacto.
5. Y haremos clic en el botón **Añadir**.

Chat de texto

Para comenzar a chatear con un contacto mediante una conversación de texto sólo tenemos que hacer doble clic sobre el contacto o sobre el botón **A**. Se abrirá un cuadro de diálogo en el que podemos escribir los distintos textos. La interfaz es muy cómoda ya que los textos de cada usuario están metidos en bocadillos y además están alineados como espejos.

También podemos tener conversación en una sala de chat, vamos a ver a continuación, cómo podemos hacerlo:

1. Iremos al menú **Archivo** y seleccionaremos la opción **Ir a la sala de chat**.
2. En la ventana que aparece, escribiremos un nombre que se convertirá en el de la sala de Chat.
3. Se abrirá un cajón de participantes en el lateral de la ventana de la sala de Chat. Haremos clic en el signo + e invitaremos a alguien.

Lo mejor que podemos hacer cuando queramos tener una conversación de este tipo es comunicar con antelación a los participantes la fecha y hora en la que queremos charlar en el chat llamado, por ejemplo, *Dogfood* (comida para perros). Para ello:

1. Abriremos iChat y en el menú **Archivo** y seleccionaremos la opción **Ir a la sala de chat**....
2. Introduciremos el **Nombre del chat** (en nuestro caso, *dogfood*) y haremos clic en el botón **Ir**. Cualquier persona que quiera participar en esta sala de chat, tiene que hacer lo mismo.

Figura 4.60. Comenzado una sala de chat.

Conversación de audio

Para abrir un *chat* de audio o una conversación seleccionaremos el contacto de la lista y haremos clic sobre el botón **Teléfono**. Automáticamente iChat invitará a la otra persona a mantener una conversación. Esta es una manera muy cómoda de comunicarse con otras personas ya que no se pierde el tiempo tecleando tanto texto y lo mejor de todo es que no cuesta nada.

Conversación de vídeo

Para comenzar una conversación de vídeo o una videoconferencia seleccionamos el contacto y hacemos clic sobre el botón **Cámara**, que se encuentra al lado del contacto. Para realizar videoconferencias tendremos que tener una cámara iSight, DV o FireWire.

Desde esta ventana podremos comenzar la videoconferencia haciendo clic sobre el botón **Aceptar**, rechazarla haciendo clic sobre el botón **Declinar** o responder como una conversación de texto haciendo clic sobre el botón **Respuesta de texto**.

Figura 4.61. Nuestro Mac no tiene micrófono. Sólo podemos tener un chat de audio entre nosotros.

Figura 4.62. Podemos tener un chat de vídeo con aquellos contactos que tengan un icono con una cámara.

Podemos configurar distintos efectos a nuestro chat de vídeo, para ello iremos a las preferencias de iChat y seleccionamos la opción Vídeo>Mostrar efectos de vídeo y en la ventana Efectos de vídeo, seleccionaremos el efecto que queramos, podemos distorsionar nuestra imagen, añadir toques artísticos, etc. Podemos también seleccionar un fondo para nuestro chat de vídeo. Para ello iremos a las preferencias de iChat, seleccionamos la opción Audio/vídeo>Mostrar efectos de vídeo y en la ventana Efectos de vídeo nos desplazaremos con las flechas por los distintos efectos de fondo y de vídeo. Para añadir nuestro propio fondo, haremos clic en las flechas hasta que veamos fotogramas con la etiqueta Fondo del usuario y, a continuación, arrastraremos una película QuickTime o una imagen a uno de los fotogramas. Seleccionamos el fondo que queremos utilizar y el nuevo fondo se mostrará poco después.

Figura 4.63. Disponemos de diversos efectos de vídeo.

Figura 4.64. Cambiando el fondo.

Una vez que hemos comenzado un chat de vídeo, podemos utilizar iChat Theater para mostrar nuestros archivos, fotografías, exposiciones de diapositivas, etc. Para compartir un archivo, iniciaremos un chat de vídeo, iremos al menú Archivo, y seleccionaremos la opción Compartir un archivo con iChat

Theater. En la ventana del Finder que aparecerá, seleccionaremos el archivo, fotografía o película que queremos compartir, y haremos clic en **Compartir**.

iChat Theater también nos abrirá una ventana de archivo en nuestra pantalla. Lo que nos permite que podamos movernos a lo largo de el mientras nuestro contacto observa, reproduce o para una película, o muestra los archivos anteriores o posteriores en la ventana de Chat. Si el archivo que hemos compartido es una película, la ventana del archivo muestra un botón de **Reproducir/Pausa** y una barra de posición para arrastrar el clip hacia delante o hacia atrás.

Para compartir múltiples archivos del mismo o diferente tipo, haremos **Comando-clic** para seleccionar los archivos en su disco duro, y luego los arrastraremos a la ventana del chat de vídeo. Los archivos se reproducirán como una presentación de diapositivas.

iTunes

¿Para qué preocuparnos nosotros de todo? Dejemos que las aplicaciones nos ayuden. Con iTunes nuestra música se encontrará bien organizada y estructurada, y podremos disponer de una biblioteca de música completamente acorde a nuestros gustos personales.

Una de las últimas aportaciones que Apple nos ha dado mediante este reproductor es la compatibilidad con el nuevo formato de audio AAC (*Advanced Audio Coding*), basado en la especificación MPEG-4. Este formato nos ofrece calidad de sonido como un CD y tamaños de archivo más pequeños. Esta codificación es la idónea para la emisión digital a través de Internet.

El objetivo de este capítulo es que podamos crearnos nuestra biblioteca musical y obtener el máximo rendimiento de esta maravillosa aplicación. iTunes nos ofrece muchas posibilidades, como escuchar discos CD, importar música desde discos CD o Internet, escuchar música en la tienda de música Music Store (en otros países se puede además comprar canciones concretas o álbumes completos), crear listas con nuestros temas favoritos, crear discos CD o DVD, compartir nuestra biblioteca musical con otros equipos de la red local y escuchar emisoras de radio.

5.1. Primeros pasos

La primera vez que ejecutemos el programa iTunes nos preguntará algunas cosas para saber nuestras preferencias. Lo primero que nos muestra es el Contrato de licencia, haremos clic en el botón **Acepto** para continuar con el Asistente de Configuración de iTunes.

El asistente nos dará la bienvenida a iTunes y, a continuación, haremos clic en el botón **Siguiente** para continuar.

Figura 5.1. Bienvenida a iTunes.

A continuación, nos pedirá permiso para modificar los ajustes de Internet de forma que iTunes sea la aplicación asociada para reproducir el sonido de las páginas web que visitemos. También, nos solicitará permiso para acceder a Internet a buscar información de los CD de audio y las retransmisiones de secuencias. Una vez seleccionadas las opciones deseadas haremos clic en **Siguiente** para continuar.

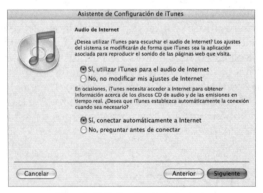

Figura 5.2. Audio de Internet.

El asistente también nos pregunta si deseamos que busque nuestros archivos MP3 y AAC en nuestra carpeta de inicio con el objetivo de crear una biblioteca de música con las canciones que ya tengamos en nuestro usuario.

Figura 5.3. Buscar archivos de música.

5.2. Un primer vistazo

En este apartado veremos la interfaz de iTunes, desde la que podemos realizar cualquier acción.

Figura 5.4. Interfaz de iTunes.

1. **Escuchar música**: Los botones con las flechas sirven para pasar a la siguiente canción o a la anterior. Para avanzar o retroceder dentro de la misma canción, basta con hacer clic con el ratón sobre una de las flechas. El botón de **Play/Pause/Stop** sirve para comenzar a escuchar una canción, para ponerla en pausa o para pararla. Con la barra lateral podremos ajustar el volumen.

Figura 5.5. Botones para escuchar música.

2. **Información de canción**: Con el botón de la izquierda (parecido al botón de play) podremos cambiar la vista de información de la canción al visor animado de iTunes. Haciendo clic sobre el título o el tiempo, podremos ver las diferentes características de la canción que está en reproducción. Esta información muestra el nombre de la canción, del álbum, del artista, el tiempo transcurrido, el restante o el total. Arrastrando el rombo a la derecha o a la izquierda avanzaremos o retrocederemos en una canción.

Figura 5.6. Información sobre la canción.

3. **Visualización**: Con el primer botón tenemos una vista en forma de lista, con el segundo agrupados con ilustración y con el tercero veremos los ítems con Cover Flow.

Figura 5.7. Visualización.

4. **Búsqueda de canciones**: Mediante el cuadro Buscar podremos realizar una búsqueda de una forma rápida, puede realizarse por artista, por álbum, por autor, por nombre de la canción o por todas. Para seleccionar el método de búsqueda haremos clic sobre la lupa del cuadro Buscar.

Figura 5.8. Búsqueda de canciones.

5. **Biblioteca**: En esta zona estarán contenidas nuestras listas de reproducción (manuales e inteligentes), nuestra biblioteca de música, la radio y la música compartida de otros equipos de la red de área local. Haciendo clic en Biblioteca accederemos a toda la música de la misma. Haciendo clic en Radio nos conectaremos a la radio en Internet. Haciendo clic en Música compartida accederemos a la música compartida en la red. Por último, el resto son las listas de reproducción creadas, las listas inteligentes son rellenadas por iTunes mediante distintas reglas.

Figura 5.9. Biblioteca.

6. **Navegador**: Desde aquí podremos buscar las canciones en función de su género, del artista o del álbum.

Figura 5.10. Navegador.

7. **Listado de canciones**: Esta zona nos muestra el listado de las canciones. Haciendo clic en la cabecera de las columnas ordenaremos las canciones según esa cabecera. Las casillas de verificación de cada canción indican si la canción se va a reproducir o grabarse en un CD, si se encuentra activada se reproducirá o grabará y si está desactivada no se reproducirá ni se grabará.

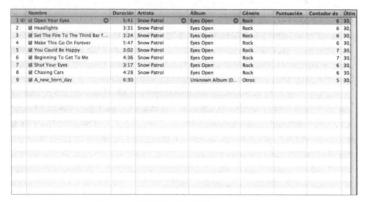

Figura 5.11. Listado de canciones.

Nota: *Para desactivar o activar todas las canciones podemos pulsar la tecla* **Comando** *mientras hacemos clic en la casilla de verificación de una de ellas.*

8. **Botones inferiores izquierdos**: Con el primer botón crearemos listas de reproducción. Con el segundo conseguiremos una reproducción aleatoria si está activado. Con el tercero, haciendo clic sobre él, conseguiremos activar la repetición continua de un grupo de canciones y con un doble clic conseguiremos la repetición de la canción actual. Con el cuarto botón mostraremos/ocultaremos la ilustración de la canción y el visor de vídeo.

Figura 5.12. Botones inferiores izquierdos.

9. **Información adicional**: En esta zona iTunes nos muestra información adicional sobre las canciones que tenemos,

el tiempo que tenemos de música con esas canciones y el tamaño que ocupan.

Figura 5.13. Información adicional.

10. **Botones inferiores derechos**: Con el primer botón grabaremos un disco. Con el segundo activaremos la búsqueda en la biblioteca y con el tercero expulsaremos el CD o el iPod.

Figura 5.14. Botones inferiores derechos.

5.3. Importar música

La importación de la música es uno de los primeros pasos para la creación de una biblioteca digital. Podemos importar música de distintas formas, bien importar la música que tengamos en nuestro disco duro y que aún no se haya añadido a iTunes, o bien importarla desde un CD.

5.3.1. Importar música del disco duro

En primer lugar buscaremos la carpeta o carpetas en las que se encuentra la música a importar y seleccionaremos las canciones que deseemos importar en iTunes. Una vez seleccionadas las arrastraremos hasta la biblioteca o a una de las listas creadas (figura 5.15).

A continuación iTunes se pondrá a copiar y a procesar las canciones que estamos añadiendo a nuestra biblioteca (véase la figura 5.16).

Por último, si tenemos activada la opción de **Ajuste de volumen**, iTunes ajustará el volumen de las canciones añadidas (véase la figura 5.17).

Esta opción puede resultar muy útil si el volumen de las canciones no se encuentra al mismo nivel, bien porque sean de discos distintos, o bien porque hayan sido convertidas a formato digital por diferentes personas.

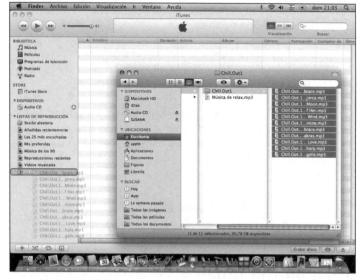

Figura 5.15. Llevar los archivos que se desean importar a una lista.

Figura 5.16. El proceso de copia de las canciones seleccionadas para importar en iTunes.

Figura 5.17. Ajustando volumen.

Para activar esta opción iremos a iTunes>Preferencias…; una vez allí haremos clic sobre Reproducción y, por último, activaremos la casilla de Ajuste de volumen.

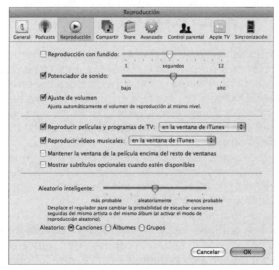

Figura 5.18. Preferencias de iTunes para ajustar el volumen.

5.3.2. Importar música desde CD

Para importar música desde un CD primero debemos introducir el CD en nuestro lector del Mac. En este momento si hemos dado permiso a iTunes para acceder a Internet, en el Asistente de Configuración, éste se conectará a la red para buscar la información del CD, el nombre del mismo y de las canciones.

Figura 5.19. Importar CD de música.

Si no deseamos importar el CD y en principio sólo queremos escuchar las canciones, basta con que hagamos clic en el botón **Play** . Para importar las canciones haremos clic en el botón **Importar CD** situado en la parte de abajo a la derecha iTunes importará las canciones seleccionadas, por lo que si no queremos alguna del CD basta con que desactivemos la casilla de verificación de la canción en cuestión (figura 5.20).

Podemos personalizar los ajustes de compresión que iTunes aplica a la música cuando la importa. Para ello iremos a iTunes>Preferencias…; una vez allí haremos clic sobre **Avanzado** y seleccionamos **Importación**.

Primero podremos indicar la codificación que deseamos; las posibles codificaciones son AAC, AIFF, Codificador Apple Lossless Encoder, MP3 y WAV. A continuación indicaremos los ajustes que deseamos; podremos escoger entre los que iTunes nos ofrece o, incluso, personalizar la calidad deseada.

Figura 5.20. iTunes en acción importando un CD.

Además, indicaremos si deseamos que se reproduzcan las canciones cuando se importen, si los nombres de archivo se crean con los números de pista y si se desea usar la corrección de errores al leer discos CD.

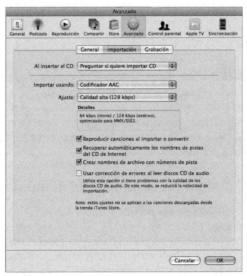

Figura 5.21. Preferencias de importación.

Podemos juntar canciones de tal forma que cuando se reproduzcan no exista ningún espacio entre ellas. Esto puede ser útil en los CD compuestos para que una canción siga a la anterior sin ningún corte. Para eliminar el espacio entre una o más canciones, podemos importarlas como una única pista. Para ello seleccionaremos las canciones e iremos al menú Avanzado>Unir pistas del CD.

Figura 5.22. Unir pistas del CD.

Entonces iTunes las unirá como se muestra en la figura 5.23. Al importar el CD, iTunes creará una única pista para las canciones seleccionadas.

5.3.3. ¿Dónde almacena iTunes la música?

Como mencionamos en el capítulo 2 la carpeta **Música** de nuestro usuario es el lugar donde iTunes almacena nuestra música. Dentro de esta carpeta iTunes ha creado otra llamada **iTunes**, en el interior de ésta podemos ver que se han creado dos ficheros (tienen toda la información sobre las canciones añadidas y las listas creadas), y otra carpeta llamada **iTunes Music**. Dentro de esta última carpeta se encuentra toda nuestra biblioteca de música, eso sí está organizada por artista y álbum.

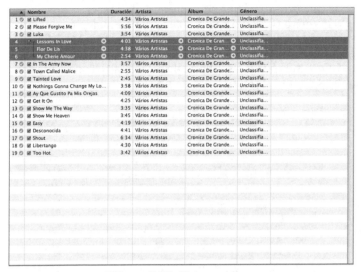

Figura 5.23. Pistas unidas.

Figura 5.24. Organización de la carpeta Música.

Es mejor que no intentemos organizar nuestra biblioteca desde aquí, lo mejor es añadir y eliminar canciones desde iTunes, de forma que él borre y añada las canciones. No es obligatorio almacenar nuestra música dentro de la carpeta **Música**; en cualquier momento podemos cambiar la carpeta en la que deseamos que se guarden todas las canciones. Para ello iremos a iTunes>Preferencias...>Avanzado, haremos clic sobre General y, haciendo clic sobre el botón **Modificar...**, podremos modificar la carpeta de iTunes Music, para lo cual navegaremos por el disco hasta llegar a la carpeta deseada para almacenar nuestra biblioteca de música.

Figura 5.25. Cambiar la carpeta de iTunes Music.

5.3.4. La información de las canciones

La información de los CD iTunes la consigue de una base de datos de Internet (de la base de datos CDDB de Gracenot). Puede ser que algún disco que tengamos no se encuentre en esta base de datos, por lo que iTunes dará nombres genéricos a las pistas, como Pista 1, Pista 2, etc. En este caso y en algunos otros nos interesará cambiar la información de las canciones de forma que luego sepamos qué canciones tenemos o estamos escuchando. Para acceder a la información de una canción haremos clic sobre ella y, a continuación, iremos a Archivo>Obtener información.

Figura 5.26. Acceder a la información de una canción.

Nota: *Pulsando la tecla* **Control** *y haciendo clic sobre la canción, obtendremos un menú contextual desde el que podremos acceder a la información de la canción seleccionando el submenú* **Obtener información**.

iTunes nos mostrará una ventana con la información de la canción especificada. En primer lugar, nos muestra un resumen de la misma.

Este resumen nos muestra información de la canción, como el nombre, el álbum, el artista, la codificación o el tamaño entre otros, además de mostrarnos la ubicación de la canción en el disco duro.

Haciendo clic sobre **Información**, veremos y podremos modificar la información de la canción, como el nombre, el artista, el año; incluso podremos añadir comentarios o notas a la canción (figura 5.27).

Haciendo clic sobre **Opciones**, accederemos a los ajustes de volumen de la canción, a la ecualización de la misma y a otros ajustes. Desde aquí podremos indicar una puntuación para esta canción (figura 5.28).

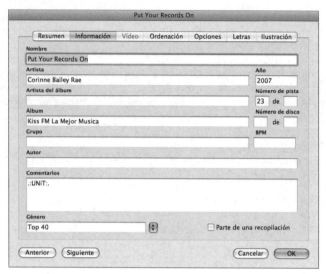

Figura 5.27. Información de la canción.

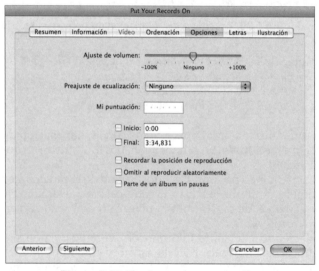

Figura 5.28. Opciones de una canción.

Por último, desde Ilustración podremos añadir una ilustración a la canción, así como también modificar o borrar la que ya exista.

5.4. Listas de reproducción

Una vez creada nuestra biblioteca puede ser que queramos crear listas de reproducción, de forma que escuchemos sólo unas canciones determinadas. Las listas de reproducción consisten en organizar canciones según unas preferencias; por ejemplo, podemos crear listas para baile o con lo mejor de un artista o bandas sonoras, es decir, podemos reunir y mezclar la música a nuestro gusto. Desde estas listas podremos escuchar música, grabar CD o transferir las canciones a un iPod.

5.4.1. Listas de reproducción manuales

Para crear una lista de reproducción manual haremos clic en el botón ▦ situado en la parte inferior izquierda del iTunes o iremos a Archivo>Nueva lista de reproducción y, a continuación, escribiremos un nombre que describa la lista.

Figura 5.29. Crear una nueva lista de reproducción.

Ahora debemos llevar las canciones que queremos a esta lista, para lo cual seleccionaremos en la biblioteca las canciones y las arrastraremos hasta la nueva lista creada como se muestra en la figura 5.30.

Figura 5.30. Añadiendo canciones a una lista.

Para ver el contenido de una lista de reproducción únicamente debemos hacer clic sobre la lista de reproducción. Si deseamos cambiar el nombre de la lista, debemos hacer clic de nuevo y entonces ya podremos poner un nuevo nombre. Para borrar una lista de reproducción, haremos clic en la lista y, a continuación, pulsaremos la tecla **Suprimir**. Debemos tener en cuenta que borrar una lista de reproducción no borra las canciones de la biblioteca ni del disco duro.

Dentro de una lista podemos cambiar el orden de reproducción de las canciones, para lo cual seleccionaremos una canción y la arrastraremos hasta la posición que deseemos (figura 5.31).

Para eliminar una canción de la lista sólo debemos seleccionarla y, a continuación, pulsar la tecla **Suprimir**. Si no queremos borrarla pero no deseamos que se reproduzca o que se grabe en un CD, debemos desactivar la casilla de verificación.

5.4.2. Listas de reproducción inteligentes

iTunes puede crear automáticamente listas de reproducción según los criterios de preferencias que decidamos.

Para crear una lista inteligente iremos al menú Archivo> Nueva lista de reproducción inteligente. Aparecerá la ventana que se muestra en la figura 5.32. Como podemos ver nuestros criterios para la lista son que **Mi puntuación** sea mayor a tres estrellas, que el **Género** sea pop y que el año del álbum sea posterior al 2000.

Figura 5.31. Modificando el orden de reproducción.

En las listas inteligentes podemos limitar el número de canciones que contendrá la lista, ya sea por número de canciones, por duración o por tamaño. Activando la casilla de verificación de la opción Actualización en tiempo real conseguiremos que iTunes actualice el contenido de una lista inteligente según vayamos añadiendo o eliminando canciones o modificando la puntuación de las mismas.

Figura 5.32. Creación de listas inteligentes.

Para modificar los criterios de una lista inteligente iremos al menú Archivo>Obtener información o pulsaremos la combinación de teclas **Comando-I**. Entonces aparecerá la ventana de criterios desde la que podremos modificar los criterios que queramos.

5.5. Mejorar la calidad de sonido con el ecualizador

El ecualizador de iTunes nos permite realzar o atenuar varias amplitudes de frecuencia, realmente es como si se tratara de un panel de control de bajos y agudos. El espectro de sonido se divide en 10 bandas. Mediante las barras podemos aumentar o reducir las frecuencias de cada banda. A menor hertzios en la banda más bajo es el sonido, mientras que cuanto más alto sean los hertzios de la banda más agudo será el mismo.

Figura 5.33. Ecualizador de iTunes.

iTunes nos ofrece una gran variedad de ajustes de ecualización. Podemos seleccionar uno de estos ajustes para una canción determinada o para toda la biblioteca. Si ninguno de estos ajustes nos convence, podemos cambiar manualmente la frecuencia de cada banda.

Para acceder al ecualizador basta con que vayamos al menú Ventana>Ecualizador. Este ecualizador actúa sobre todas las canciones de la biblioteca.

Para aplicar el ecualizador a una canción en concreto iremos al menú Visualización>Opciones de visualización y nos aseguraremos de que la opción Ecualizador se encuentra activada.

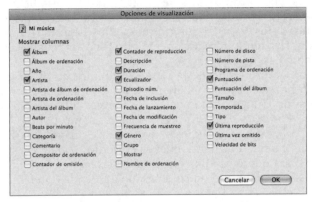

Figura 5.34. Opciones de visualización.

Al estar activado el Ecualizador en el listado de canciones veremos una columna llamada **Ecualizador**, desde la cual podremos seleccionar un ajuste para cada canción. Basta con hacer clic en el icono de cada canción en dicha columna.

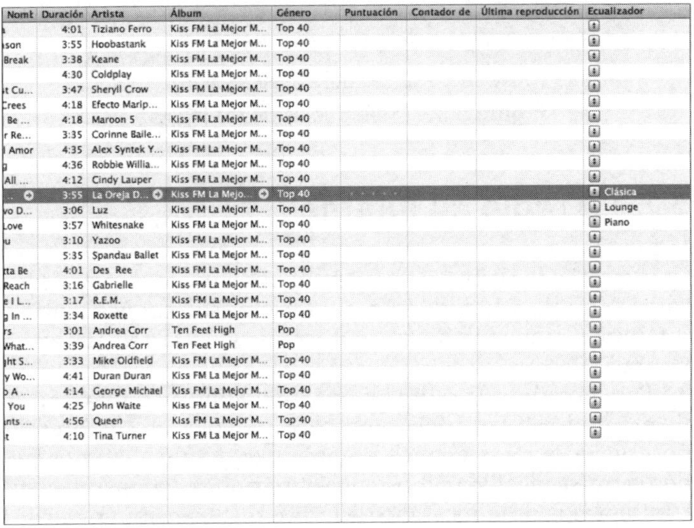

Figura 5.35. Ecualizador para canciones determinadas.

5.6. Podcasts

Los *podcasts* son programas de estilo radiofónico descargables. Podemos buscar y descargar *podcasts* en la tienda de música iTunes Music Store o podemos descargarnos episodios sueltos de los *podcasts* o suscribirnos a ellos, de forma que éstos se descarguen automáticamente en iTunes en cuanto estén disponibles.

En las preferencias de iTunes podemos configurar los ajustes de los *podcasts* y haremos clic a continuación sobre el comando iTunes>Preferencias.... Una vez allí haremos clic sobre **Podcasts**. Especificaremos cada cuánto tiempo debe comprobar si hay episodios nuevos y qué es lo que debe hacer iTunes cuando encuentre nuevos episodios. Además especificaremos qué episodios queremos conservar. Los Podcasts que se copiarán al iPod se determinarán en las preferencias del iPod.

Figura 5.36. Preferencias de Podcasts.

5.7. La radio en Internet

A través de iTunes y de Internet podemos sintonizar emisoras de radio. Muchas de estas emisoras son convencionales y también transmiten su señal a través de la red (véase la figura 5.37).

Para acceder a la radio haremos clic sobre el botón **Radio**. En el listado de canciones que aparece en pantalla, podremos observar distintos grupos organizados según distintos géneros musicales. Haremos clic sobre uno de ellos y nos encontraremos con un listado de radios que transmiten música del género escogido. Haciendo clic sobre la emisora de radio comenzaremos a escuchar la transmisión de la misma en pocos segundos.

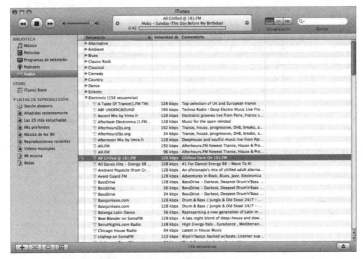

Figura 5.37. La radio en Internet.

5.8. Escuchar música en Internet (iTunes Store)

iTunes Store es la tienda de Apple para poder comprar canciones determinadas o álbumes completos. De momento en nuestro país aún no podemos comprar ninguna canción o álbum, pero lo que sí podemos hacer es escuchar canciones para saber si nos gustan o no. Con esta nueva opción de iTunes ya no es necesario ir a los centros comerciales a escuchar canciones. Ahora desde casa podemos acceder a cualquier canción.

Para acceder a la tienda basta con que hagamos clic sobre iTunes Store. Entonces en el listado de canciones aparecerá como una página web desde la que podremos navegar para buscar la música que nos interese (véase la figura 5.38).

Una vez que lleguemos a un artista que nos guste podremos escuchar canciones de su álbum. Para ello basta con que seleccionemos la canción y hagamos clic en el botón **Play** (véase la figura 5.39).

Figura 5.38. Dentro de iTunes Store.

Figura 5.39. Escuchando música en iTunes Store.

5.9. Compartir música en red

Si disponemos de una red de área local podremos compartir nuestra música con un máximo de cinco equipos de la misma red. Para compartir música iremos al menú iTunes>Preferencias.... Una vez aquí haremos clic sobre la opción Compartir.

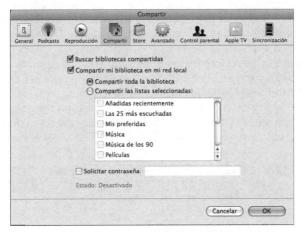

Figura 5.40. Configuración para compartir música.

Si tenemos activada la opción **Buscar bibliotecas compartidas** en la aplicación, iTunes se encargará automáticamente de buscar en la red de área local si algún equipo tiene su música compartida, en cuyo caso nos la mostrará como veremos un poco más adelante.

Al activar la opción **Compartir mi biblioteca en mi red local** conseguiremos que el resto de elos quipos puedan tener acceso a través de la red a la música que almacenamos en nuestro equipo. A la hora de compartir música podremos escoger entre **Compartir toda la biblioteca** o **Compartir las listas seleccionadas**. Además, podremos especificar un nombre para nuestra música compartida e indicar a iTunes si deseamos solicitar una contraseña cuando alguien intente acceder a nuestra música a través de la red. Esta ventana también nos muestra cuántos usuarios hay conectados a nuestro equipo escuchando música.

Para escuchar música de otros equipos pulsaremos sobre **Música compartida** y dentro de ésta sobre el equipo al que queremos acceder. iTunes nos muestra las listas que tiene creadas ese equipo, por lo que podemos escuchar toda su biblioteca pulsando sobre el nombre del equipo o una lista determinada haciendo clic sobre ella.

5.10. Grabación en CD o DVD

iTunes nos ofrece la posibilidad de grabar discos CD de audio, en formato MP3 o crear copias de seguridad en un CD o DVD.

Para seleccionar la grabación que deseamos, iremos al menú iTunes>Preferencias...>Avanzado>Grabación. Desde aquí veremos la grabadora de la que disponemos, la velocidad de grabación y seleccionaremos el formato en el que grabar. Si deseamos grabar un CD de audio, escogeremos la opción CD audio e indicaremos a iTunes la pausa entre las canciones y si deseamos usar el ajuste de volumen. Para grabar un CD en formato MP3, escogeremos la opción CD MP3. Para realizar una copia de seguridad, seleccionaremos la opción CD o DVD de datos.

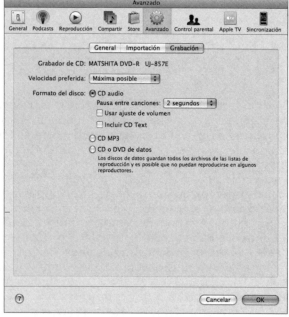

Figura 5.41. Configuración de grabación.

Para grabar un CD o DVD, debemos crear una lista de reproducción desde la que poder grabar. Debemos tener en cuenta que la lista tenga la duración del CD. Si no es así, iTunes grabará las que quepan y pedirá que se inserte otro CD para continuar con la grabación. Para comenzar con la grabación, seleccionaremos la lista de reproducción que queramos grabar y haremos clic sobre Grabar disco [Grabar disco]. iTunes nos pedirá que introduzcamos un CD vacío, lo introducimos y, a continuación, hacemos clic de nuevo sobre Grabar disco.

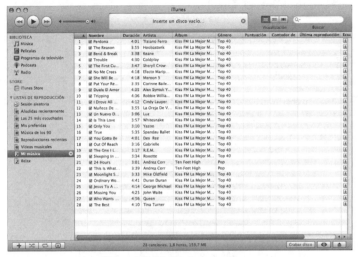

Figura 5.42. Grabar un disco.

5.11. iPod, la música de bolsillo

iPod es el reproductor ideal para los amantes de la música, con una capacidad de disco impresionante podremos tener almacenados días de música en algo tan pequeño. El iPod no es un simple reproductor de MP3, es mucho más, aunque en este capítulo nos centraremos en la música y la compatibilidad con iTunes.

Figura 5.43. iPod.

iTunes puede sincronizar toda nuestra biblioteca musical (siempre y cuando quepa en el iPod) o podemos seleccionar las listas de reproducción que queramos transferir. Para seleccionar la transferencia debemos ir a las preferencias del iPod. Para ello haremos clic en el botón de la izquierda de la zona de botones inferior derecha.

Figura 5.44. Botones para manejar el iPod.

Se abrirán las **Preferencias del iPod**. Desde aquí indicaremos a iTunes cómo deseamos la transferencia de la biblioteca de música al iPod.

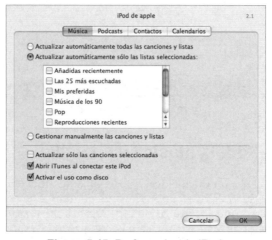

Figura 5.45. Preferencias de iPod.

Si deseamos que iTunes transfiera nuestra biblioteca completa, entonces seleccionaremos la opción **Actualizar automáticamente todas las canciones y listas**. En este caso, cada vez que conectemos el iPod a nuestro equipo, iTunes se abrirá y transferirá la biblioteca completa. Si sólo deseamos que parte de nuestra biblioteca se encuentre en el iPod, deberemos seleccionar la opción **Actualizar automáticamente sólo las listas seleccionadas**. En este caso, deberemos indicar a iTunes qué listas queremos que sean transferidas. Si lo que deseamos es realizar una actualización manual, seleccionaremos la opción

Gestionar manualmente las canciones y listas. Con esta opción seremos nosotros los que arrastremos las canciones dentro del iPod, es decir, se tratará el iPod como una lista de reproducción cualquiera, mientras que si la opción de transferencia es automática no tendremos control para transferir canciones específicas.

Desde las preferencias también podremos indicar si deseamos que iTunes se inicie automáticamente al conectar el iPod. En el caso de haber seleccionado la actualización automática pero no desea que se copien todas las canciones nuevas al iPod debemos activar la opción **Actualizar sólo las canciones seleccionadas**. A continuación, debemos ir a nuestra biblioteca y desactivar aquellas canciones que no queremos que sean transferidas. En este caso en la siguiente actualización del iPod las canciones desactivadas no se copiarán.

Si tenemos una actualización automática, será iTunes el encargado de realizar dicha actualización, por lo que no tendremos ningún control sobre el contenido del iPod.

Si el modo de actualización seleccionado es manual tendremos más control sobre el iPod. Podremos entrar en su contenido, cambiar los nombres, borrar o añadir canciones o listas, es decir, podremos tratar el contenido del iPod como si de una lista de reproducción se tratara.

Desde las preferencias también podemos sincronizar los Podcasts. Y por último, desde las pestañas **Contactos** y **Calendarios** podremos actualizar los contactos del iPod con la agenda del Mac y los calendarios con lo que tengamos almacenado en el iCal.

5.12. Trucos

A continuación, veremos unos pequeños trucos para manejar iTunes sin problemas.

- **iTunes en pequeño**: Mientras reproducimos la biblioteca o las listas de reproducción, no necesitamos toda la pantalla del iTunes, pero muchas veces queremos ver la información de la canción o pasar a otra. Para éstos casos podemos hacer que iTunes se vuelva más pequeño, mostrándonos sólo lo que queremos ver. Para hacerlo pequeño y tener acceso a él aunque nos encontremos en otra aplicación únicamente deberemos hacer clic sobre el botón del zoom (el verde) que se encuentra en la esquina superior izquierda de la ventana de iTunes.

Figura 5.46. El pequeño iTunes.

- **iTunes aún más pequeño**: Si aún nos es molesto y sólo queremos tener acceso a los botones de controles de canciones podemos empequeñecerlo un poco más, para lo cual basta con arrastrar la esquina inferior derecha hacia la izquierda (eso sí esto se debe hacer cuando iTunes está en pequeño).

Figura 5.47. iTunes más pequeño.

- **Dashboard**: Desde Dashboard podemos controlar iTunes.

Figura 5.48. iTunes desde Dashboard.

- **Saber qué canción está sonando**: iTunes puede resaltar la canción que está sonando en ese momento, para lo cual basta con pulsar **Comando-L**.
- **Controlar iTunes desde el Dock**: Podemos controlar iTunes desde el Dock. Para ello basta con pulsar la tecla **Control** mientras se hace clic con el ratón sobre iTunes en el Dock. Entonces aparecerá un menú desde el que podremos controlar las acciones de iTunes.
- **Abrir una lista de reproducción en una ventana nueva**: Para abrir una lista de reproducción en una nueva ventana únicamente deberemos hacer doble clic sobre la lista de reproducción.

Figura 5.49. iTunes desde el Dock.

Figura 5.50. Lista de reproducción en una ventana nueva.

- **Valorar las canciones desde el Dock**: Podemos valorar las canciones desde el Dock sin necesidad de traer al frente iTunes. Basta con que pulsemos la tecla **Control** y hagamos clic en el icono de iTunes en el Dock. A continuación, en Mi puntuación seleccionaremos la valoración para la canción que está sonando.

Figura 5.51. Valorar las canciones desde el Dock.

iPhoto

Con la llegada del nuevo mundo digital ya no tendrán por qué quedarse las fotos abandonadas en los álbumes. iPhoto nos ayuda a tener organizadas nuestras fotos, imprimirlas y compartirlas de la forma más sencilla posible.

En este capítulo conseguiremos crear nuestra propia biblioteca de fotografías (importándolas desde distintos medios como un CD o una cámara digital), agruparlas en álbumes, asignar palabras clave para localizarlas fácilmente y compartirlas de diferentes maneras como publicarlas en la red, imprimirlas como álbumes, crear un pase de diapositivas con la posibilidad de añadir música de nuestra biblioteca de iTunes o crear un libro.

6.1. Primeros pasos

La primera vez que ejecutemos el programa iPhoto, éste nos dará la bienvenida y nos preguntará si deseamos utilizarlo cuando conectemos una cámara digital, si deseamos utilizar otra aplicación o si en este momento no queremos decidirlo.

Ahora podemos comenzar a utilizar iPhoto y obtener el máximo rendimiento de esta sencilla aplicación.

6.2. Un primer vistazo

En primer lugar nos familiarizaremos con la interfaz de iPhoto para después ir viendo todas las posibilidades que nos ofrece este programa.

Figura 6.1. Bienvenida a iPhoto.

Figura 6.2. Interfaz de iPhoto.

1. **Fototeca**: En esta zona se encuentran todos los álbumes disponibles. En ella aparecerán todas las imágenes que hayamos importado con iPhoto desde una cámara digital, un archivo de disco, un CD o una tarjeta de memoria. Para ver la última importación realizada (digamos que es como el último álbum, ya que cada

conjunto de imágenes se considera un álbum), haremos clic sobre **Última importación**. Si lo que queremos es ver las fotos del último año haremos clic sobre **Últimos 12 meses**. La **Papelera** mantiene las imágenes que hemos ido borrando. El resto son los álbumes creados por nosotros para ir organizando las fotografías.

Figura 6.3. Álbumes.

2. **Información**: iPhoto nos muestra en cada momento información sobre el álbum o la fotografía seleccionada, como el título, la fecha y hora, la puntuación, el formato, el tamaño o la resolución. Desde aquí también podremos cambiar la información de una imagen con tan sólo pulsar sobre el contenido del elemento que deseamos cambiar.

Figura 6.4. Información.

3. **Los botones**: Mediante estos botones podremos realizar acciones de manera rápida y sencilla. Con el primero podremos crear álbumes, con el segundo veremos un pase de diapositivas, con el tercero veremos u ocultaremos la información y los comentarios, con el cuarto podremos mostrar u ocultar la búsqueda por fecha y con el último podremos ocultar o mostrar la búsqueda por palabra clave.

Figura 6.5. Los botones de acciones.

4. **Listado de imágenes**: Ésta es la ventana principal, desde la que tendremos acceso a todas las fotos de los carretes o desde la que podremos editar las fotografías seleccionadas.

Figura 6.6. Listado de imágenes.

5. **Tamaño de las imágenes**: Aquí podremos cambiar el tamaño de las imágenes en pantalla, para ello basta con arrastrar la barra deslizante.

Figura 6.7. Cambiar el tamaño de las fotografías en pantalla.

6. **Funciones**: Esta zona de la ventana varía dependiendo del modo seleccionado (Organización o Edición) y contiene las posibles funciones a realizar según el modo en el que nos encontremos.

Figura 6.8. Funciones de Organizar.

7. **Buscar**: Podremos buscar rápidamente nuestras fotografías, álbumes, etc.

6.3. Importar fotografías

Éste es el primer paso para crear una biblioteca digital. iPhoto nos ofrece distintas formas para importar fotografías, podemos importarlas del disco duro, desde una cámara digital, desde un CD o DVD, o desde una tarjeta de memoria. Cada vez que realicemos una importación iPhoto creará un nuevo álbum.

6.3.1. Importar desde el disco duro

Esta importación la podemos realizar de dos formas distintas. La primera de ellas consiste en ir al menú Archivo>Importar a la fototeca.... Aparecerá un navegador del disco en el que debemos ir a la carpeta donde se encuentran las fotos que queremos importar, seleccionarlas y hacer clic en el botón **Importar**.

A continuación, iPhoto importará de forma automática las imágenes que hayamos especificado, llevando a cabo una copia de las mismas dentro de la carpeta **Imágenes** del usuario actualmente seleccionado.

La segunda de las formas de las que disponemos para importar consiste en utilizar Finder. Para importar una carpeta con imágenes basta con que arrastremos dicha carpeta hasta la ventana de iPhoto.

En este caso, iPhoto copiará las imágenes y creará un nuevo álbum con el mismo nombre de la carpeta que hemos arrastrado.

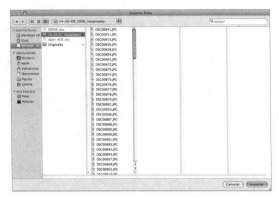

Figura 6.9. Seleccionar las imágenes a importar.

Figura 6.10. iPhoto realizando la importación.

Figura 6.11. Arrastrar la carpeta desde Finder.

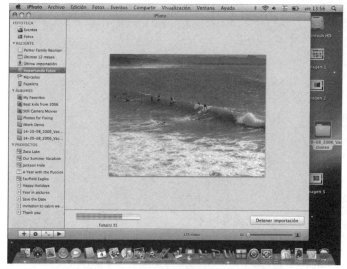

Figura 6.12. iPhoto importando desde el Finder.

6.3.2. Importar desde un CD, DVD o memoria flash

iPhoto también puede importar fotografías guardadas en un CD, DVD o en una tarjeta de memoria.

Para importar un CD o DVD desde una tarjeta de memoria no podemos arrastrar las fotografías del CD a la ventana de iPhoto. En este caso debemos seleccionar el modo Importar a la fototeca (como hemos visto en el punto anterior), introducir el CD en el ordenador y hacer clic en el botón **Importar**.

Importar un PictureCD es más sencillo. Los pasos son los mismos que en la importación desde el disco duro con la salvedad de que en este caso la carpeta a escoger se encuentra en el disco CD; la carpeta suele llamarse **Pictures**. También podemos utilizar Finder para abrir dicha carpeta desde el CD y arrastrar las imágenes hasta la ventana de iPhoto.

6.3.3. Importar desde una cámara digital

Lo primero que debemos saber es si nuestra cámara digital es compatible con iPhoto. Mac OS X incorpora un software que permite utilizar la mayoría de las cámaras digitales con iPhoto. Para consultar la lista de dispositivos de almacenamiento compatibles, visitaremos la página http://www.apple.com/es/

`macosx/upgrade/cameras.html`. Lo primero que debemos hacer es conectar la cámara a uno de los puertos USB del equipo y encender la misma.

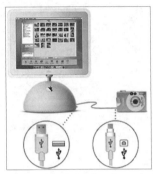

Figura 6.13. Conectar la cámara al Mac.

La cámara aparece en la sección "Dispositivos", en la lista Fuente de iPhoto, y las imágenes de la cámara en el área de visualización. Podemos ajustar las preferencias para que iPhoto se abra automáticamente cuando conectemos la cámara. Para ello, seleccione **iPhoto>Preferencias** y haga clic en **General**, seleccione en el menú local **Al conectar una cámara, abrir**.

Figura 6.14. Cargar la cámara.

Vamos a comenzar con la importación, para ello seleccionaremos Archivo>Importar, se abrirá un cuadro en el que escribiremos en el campo Nombre del evento, un nombre que corresponda al álbum de fotos que vamos a importar (por ejemplo, "Navidades 2008"). Las fotos se importarán en un grupo de eventos con dicho nombre.

En el campo Descripción, podemos poner algún comentario (por ejemplo, "Nochebuena").

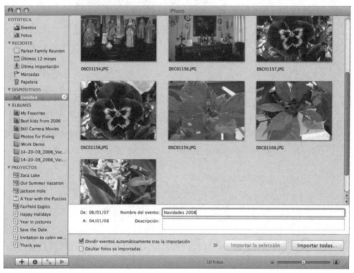

Figura 6.15. Dando las propiedades al evento.

Podemos seleccionar la opción Dividir eventos automáticamente tras la importación, si las fotografías están hechas en distintos días, ya que iPhoto las separará automáticamente en distintos eventos en la fototeca.

Para importar todas las fotos, haremos clic en el botón **Importar toda...**. Si lo que queremos es importar sólo algunas, en este caso seleccionaremos las fotos que queremos importar y haremos clic en el botón **Importar la selección**.

Mientras iPhoto importa las imágenes podemos ver una vista preliminar de la imagen (en el listado de imágenes) que se está importando en ese momento, así como una barra de estado que nos indica las imágenes que quedan por importar. Si no queremos que se sigan importando las fotos, únicamente deberemos pulsar sobre el botón **Detener importación**.

Figura 6.16. iPhoto importando desde una cámara digital.

Antes de desconectar la cámara, espere hasta que todas las fotos se hayan importado a iPhoto.

6.4. Organizar y visualizar las fotografías

iPhoto por sí sólo se encarga de organizar someramente las imágenes cuando las importamos, ya que crea un nuevo evento por cada importación realizada. iPhoto nos ofrece distintas posibilidades a la hora de organizar nuestras fotografías para acceder a ellas de una forma rápida y sencilla. Además, nos permite dar nombre a los eventos o álbumes, títulos a las fotografías y añadir comentarios o palabras clave a las imágenes.

A continuación, veremos todas las posibles funciones de las que disponemos a la hora de organizar nuestras fotos.

6.4.1. Buscar las fotografías

Cada vez que realizamos una importación, iPhoto crea un evento en la Fototeca. Para ver las fotos tan solo tiene que hacer clic en Eventos, en la parte superior de la lista Fuente.

En la fototeca, las fotos están agrupadas por año y evento e iPhoto muestra las fotos en el orden en que las hemos importado. Para mostrar rápidamente sólo las fotos más recientes, haga clic en el icono **Última importación** de la lista Reciente. También puede ver las fotografías que ha importado en el últimos meses, para ello haga clic en el icono **Últimos 12 meses**.

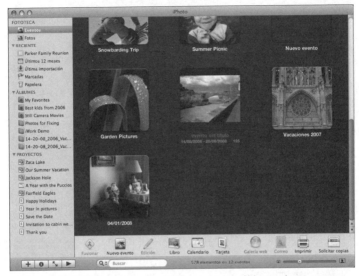

Figura 6.17. Fotografías importadas en los últimos doce meses.

6.4.2. Añadir títulos y comentarios a imágenes

Para añadir un título a una imagen debemos seleccionar la imagen y en la zona de información escribiremos el título que deseemos para ésta, si no se muestra, pulsaremos sobre el botón información .

Figura 6.18. Añadir un título a una imagen.

Para añadir un comentario nos situaremos sobre Descripción dentro de la ventana de información y escribiremos lo que deseemos.

Figura 6.19. Añadir un comentario a una imagen.

Los comentarios nos servirán para realizar búsquedas. Además, iPhoto los utilizará como pie de fotos cuando realicemos un libro.

6.4.3. Trabajar con eventos

Como hemos visto iPhoto ordena los eventos cronológicamente, siendo el más antiguo el primero de todos. Podemos cambiar esta forma de visualizar las fotos de la fototeca ordenándolas de diversas maneras, para ello seleccionaremos Visualización>Ordenar fotos y, a continuación, iPhoto nos da varias formas de ordenarlas:

- **Por fecha**: Ordena las fotos por la fecha en la que se capturaron.
- **Por palabra clave**: Organiza las fotos alfabéticamente en función de la palabra clave que se les haya asignado.
- **Por título**: Ordena las fotos alfabéticamente según título.
- **Por puntuación**: Organiza las fotos por puntuación, de mayor a menor.

Figura 6.20. Submenú Ordenar fotos.

Puede que tengamos demasiadas fotografías y que algunas de ellas no queramos verlas para no equivocarnos con tanta foto. iPhoto nos permite ocultar aquellas fotografías que no queramos ver. Para ello basta con seleccionar la imagen que queremos esconder y hacer clic sobre ocultar y se esconderán las fotos, dejando a la vista únicamente el nombre del carrete por si en algún momento quisiéramos acceder a su contenido.

Figura 6.21. Esconder carretes.

6.4.4. Asignar de palabras clave

Las palabras clave son etiquetas que nos ayudarán a localizar fotografías de una manera rápida. Con las etiquetas conseguiremos clasificar y localizar las fotografías de nuestra biblioteca. Seleccione las fotos a las que desee añadir palabras clave. Para ello, seleccione Eventos, haga doble clic en un evento determinado para abrirlo y, a continuación, haremos clic para seleccionar una fotografía (figura 6.22).

Para abrir la ventana de palabras clave seleccionaremos Ventana>Mostrar palabras clave. Si lo que queremos es cambiar el nombre de una palabra clave ya creada, debemos seleccionar dicha palabra y, a continuación, haremos clic en el botón **Editar palabras clave**. Luego escribiremos el nuevo nombre para la palabra seleccionada y haremos clic en el botón **Añadir** (+).

Figura 6.22. Palabras clave/Buscar.

Si deseamos borrar una palabra clave, la seleccionaremos y haremos clic sobre **Eliminar (-)**.

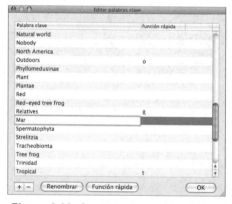

Figura 6.23. Creación de palabras clave.

Para crear, asignar o quitar palabras clave a una fotografía o varias, deberemos seleccionar las fotografías deseadas. A continuación, diríjase al menú Visualización>Palabras clave, seleccionaremos la foto a la que queremos añadir palabras clave y en el campo Añadir palabras clave que aparece justo debajo del nombre de la imagen, escribiremos dichas palabras (figura 6.24).

> **Nota:** *Si se modifica una palabra clave, dicha palabra cambiará en todas las fotos a las que se haya asignado.*

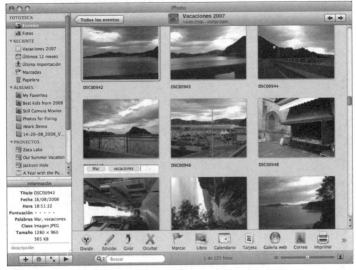

Figura 6.24. Asignar palabras clave.

6.4.5. Trabajar con álbumes

iPhoto nos da la posibilidad de crear nuestros propios álbumes y organizarlos como nosotros queramos. Para crear un álbum haremos clic sobre el botón [+], seleccionaremos el tipo de elemento que deseamos crear (Álbum, Álbum inteligente, Libro, Pase de Diapositivas, Galería web, Tarjeta, Calendario) y le asignaremos un nombre representativo.

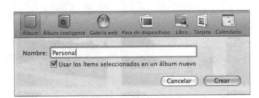

Figura 6.25. Asignar un nombre al nuevo álbum.

Una vez creado arrastraremos hasta el mismo las imágenes que deseamos que estén contenidas en él (figura 6.26).

Podemos ordenar el contenido de un álbum. Esto es importante si luego queremos crear un pase de diapositivas con ese contenido o un libro, ya que el orden en el que aparecerán las imágenes es el mismo que el que tiene el álbum. Para ordenar fotos dentro de éste, únicamente tendremos que seleccionarlas y arrastrarlas hasta la posición que deseemos dentro del mismo.

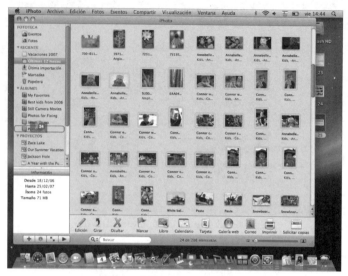

Figura 6.26. Crear un álbum.

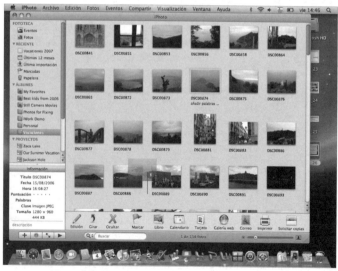

Figura 6.27. Ordenar fotografías en un álbum.

Para borrar una o más fotos sólo debemos seleccionarlas y pulsar **Supr**. Las fotos borradas irán a la Papelera de iPhoto.

6.5. Edición de fotografías

Muchas veces las fotos que realizamos están un poco oscuras o aparecemos con los ojos rojos o, simplemente, sobra demasiado fondo y quedaría mejor si se recortara un poco. iPhoto nos ofrece diferentes herramientas con las que podremos retocar y editar imágenes. Con esta aplicación no es necesario conocer a la perfección ningún programa complicado de edición ya que él nos ayuda bastante. A continuación veremos cómo iPhoto es capaz de retocar las imágenes.

Para activar el modo Edición, debemos seleccionar una imagen de la Fototeca o de un álbum y hacer doble clic sobre el botón **Edición**. Al activar este modo, la ventana de funciones cambiará y aparecerá como se muestra en la figura 6.28.

Figura 6.28. Funciones del modo Edición.

La primera opción que aparece, Girar sirve para girar la imagen en el caso que estuviera torcida. La siguiente, Recortar, sirve para los recortes de las imágenes. Mejorar sirve para perfeccionar la calidad de nuestras imágenes. Ojos rojos sirve para quitar los ojos rojos cuando la fotografía se realiza con *flash*. Con Retocar podemos modificar defectos o imperfecciones que tengan las fotos. Efectos sirve para convertir una foto en color a blanco y negro, o convertir una foto en color a color sepia, entre otros efectos. Y por último, la función Ajustar nos muestra una ventana con los posibles ajustes como Brillo/Contraste, Saturación/Temperatura/Tinte, Nitidez/Enderezar, Exposición y Niveles (figura 6.29).

Las flechas guardan los cambios realizados en la imagen y pasan a la anterior o a la siguiente y el botón **Salir** sale del modo edición.

6.5.1. Recortar fotografías

Para recortar una imagen haremos clic sobre la misma y moveremos el ratón hasta que seleccionemos la parte de la imagen que deseamos. Una vez que esté seleccionada haremos clic sobre la herramienta Recortar. Si la selección no contiene todo lo que queremos, debemos hacer clic de nuevo sobre ella y mover el ratón hasta que contenga lo que deseamos recortar.

Figura 6.29. Ventana de ajustes.

Una vez hayamos seleccionado el área que queremos recortar haremos clic sobre el botón **Aplicar** (figura 6.30).

6.5.2. Mejorar la calidad de una imagen

Cuando una foto no es muy nítida o está muy oscura podemos utilizar la herramienta Mejorar. Esta herramienta actúa sobre el brillo, el contraste y los colores de la imagen para dejarla más limpia y nítida (figura 6.31).

6.5.3. Quitar los ojos rojos

Cuando realizamos una fotografía con *flash* es muy frecuente que los ojos salgan rojos debido a la luz de éste. Para quitarlos debemos seleccionar la zona de los ojos rojos y aplicar la herramienta Ojos rojos. Automáticamente, iPhoto cambiará el rojo por el color de los ojos (figura 6.32).

Figura 6.30. Recortar una imagen.

Figura 6.31. Mejorar la calidad de una imagen.

Figura 6.32. Quitar los ojos rojos.

6.5.4. Retocar imperfecciones

En algunas ocasiones aparecen pequeñas imperfecciones o manchas que no quedan nada bien en las imágenes. Para retocar una foto haremos clic sobre la función **Retocar** y con el cursor del ratón en forma de cruz iremos haciendo clic en aquellas zonas en las que deseemos quitar las imperfecciones.

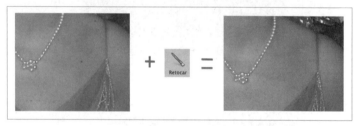

Figura 6.33. Retocar imperfecciones.

6.5.5. Otras funciones

También podemos convertir una imagen en blanco y negro. Para ello solamente tendremos que hacer clic sobre la función **Efectos**.

En **Ajustes** podemos desplazar las barras deslizantes hasta conseguir los ajustes deseados.

6.6. Búsqueda de fotografías

Para buscar fotos debemos abrir la ventana **Palabras clave/ Buscar**. Para ello pulsaremos sobre el botón de búsqueda de palabras clave y seleccionaremos la opción **Palabra clave**. Para buscar por palabras clave debemos hacer clic sobre la/s palabra/s clave que deseemos. iPhoto nos mostrará las imágenes que cumplan todas las palabras claves seleccionadas.

Figura 6.34. Búsqueda por palabras clave.

También podemos realizar búsquedas por texto. Para ello en el campo **Buscar** debemos introducir las palabras que queremos localizar. A continuación, iPhoto irá mostrándonos las imágenes que tienen ese texto en el título o en los comentarios.

Figura 6.35. Búsqueda por texto.

6.7. Compartir fotografías

Una de las mejores cosas del mundo digital es la posibilidad de compartir las fotos a través de la red, ya no es necesario cargar con esos álbumes tan pesados para que nuestros amigos vean las fotos de un viaje o de un acontecimiento. Gracias a la era digital y a Internet es posible que nuestras amistades vean las fotos sin necesidad de moverse de casa.

6.7.1. Compartir fotos mediante una HomePage

Una posible forma de compartir nuestras fotos es mediante una página web. De esta forma conseguimos no saturar la red y que nuestros amigos sólo tengan las imágenes que ellos quieran, no las que nosotros queramos enviar. Para publicar nuestras fotos en una *HomePage* nos ayudaremos de la Apple HomePage, pero para ello necesitaremos una cuenta .Mac. Si no tenemos ninguna creada tenemos que ir a la dirección `http://www.mac.com` para crearnos una.

Una *HomePage* la podemos crear desde una foto, un grupo de fotos o un álbum completo. Lo más conveniente es crear un álbum, ya que así podremos organizar las fotos a nuestro gusto para publicarlas en el orden adecuado. Una vez creado el álbum o seleccionadas las fotos que queremos compartir, haremos clic sobre la función **Galería web**. iPhoto se conectará al servicio .Mac y mostrará una ventana, véase la figura 6.36, la cual es una vista preliminar de nuestra *HomePage*.

Lo primero que vemos es el nombre del álbum que podemos modificar si queremos poner un título más significativo a la página. A continuación, aparece un bloque de texto en el que podremos introducir algunas frases para describir las fotos que contiene nuestra página. Por último, nos muestra las imágenes con un pie de foto, el cual sale del título de cada una. Los pies de foto también podemos modificarlos desde esta ventana; únicamente debemos hacer clic sobre el texto y escribir el pie que queramos.

En la parte de abajo tenemos la configuración de la página, desde aquí podremos escoger entre una vista con 2 ó 3 columnas (seleccionando la vista con 2 columnas haremos que las fotos se vean un poco más grandes). También tenemos la posibilidad de crear un botón desde el que los visitantes nos puedan enviar un mensaje mediante el servicio de tarjetas de Apple iCard. Para ello debemos activar la opción **Send Me a Message**. Activaremos la opción **Counter** si queremos añadir un contador a nuestra página que cuente las visitas que tenemos. En la parte de la derecha tenemos los temas, que lo que hacen es crear la página con un aspecto específico (véase la figura 6.37).

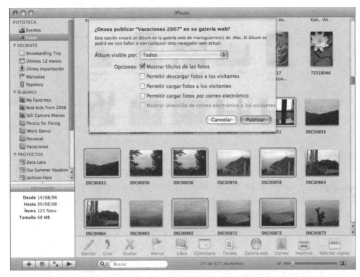

Figura 6.36. Creando una HomePage.

Figura 6.37. Configurando nuestra HomePage.

Una vez que tengamos configurada la *HomePage* haremos clic sobre el botón **Publish** para publicar la página. iPhoto comenzará entonces a transferir las fotos mostrándonos una barra de estado en la que nos indicará el proceso de la transferencia de archivos.

Figura 6.38. Transferir las imágenes.

Cuando termine la transferencia, iPhoto nos avisará indicándonos además la dirección web donde se encuentra nuestra *HomePage*. Para visitar la página basta con que hagamos clic en el botón **Visit Page Now** y para editarla en el botón **Edit Page**.

Nota: *Es recomendable copiar la dirección para enviársela a nuestros amigos. Para ello la seleccionaremos y pulsando las teclas* **Comando-C** *la copiaremos al portapapeles. A continuación, ya podremos pegarla en cualquier otra aplicación.*

Figura 6.39. HomePage publicada.

No podremos realizar cambios de la *HomePage* desde iPhoto; únicamente los podremos realizar desde nuestra cuenta .Mac. Para ello basta con que visitemos la página www.mac.com, introduzcamos nuestro nombre de usuario y nuestra contraseña, y vayamos a *HomePage* para modificarla.

6.7.2. Compartir fotos por correo electrónico

Si las fotos no son demasiadas o, al menos, sus tamaños no son muy grandes, podemos compartirlas mediante el correo electrónico. De hecho es la forma más sencilla para compartir nuestras fotos a través de la red.

El primer paso es seleccionar aquellas fotos que deseemos enviar y, a continuación, hacer clic sobre la función Correo. iPhoto nos preguntará el tamaño con el que las queremos enviar (esto es muy útil cuando las fotos son muy grandes, ya que la aplicación las reducirá para no saturar la red), nos mostrará información del número de fotos y del tamaño que ocupan. Además, podemos indicar si queremos que envíe los títulos y los comentarios de las fotos.

Figura 6.40. Compartir fotos por correo electrónico.

Una vez que tengamos configuradas las fotos para enviarlas, haremos clic sobre el botón **Nuevo mensaje**. iPhoto automáticamente abrirá nuestro programa de correo y creará un nuevo mensaje con las fotos y opciones seleccionadas. Ahora solamente debemos escribir a quién va dirigido el mensaje y, por último, hacer clic sobre el botón **Enviar** (figura 6.41).

6.7.3. Compartir un pase de diapositivas en Internet

Si disponemos de una cuenta .Mac podemos publicar un pase de diapositivas en nuestro iDisk para que otros usuarios de Mac OS X 10.2 o versión superior puedan verlo en Internet.

Figura 6.41. Mensaje creado por iPhoto.

Para compartir un pase de diapositivas debemos, en primer lugar, seleccionar las imágenes o álbum que queramos incluir en el pase y, a continuación, ir al menú Compartir y seleccionar .Mac Slides. iPhoto nos mostrará un mensaje en el que nos preguntará si estamos seguros de querer publicar el pase. Para publicarlo haremos clic en el botón **Publicar**.

Figura 6.42. Confirmación para publicar el pase de diapositivas.

Cuando iPhoto termine de copiar las fotos nos lo avisará con un mensaje en pantalla, para enviar un mail a nuestros amigos indicándoles que pueden ver nuestro pase de diapositivas, y haremos clic en el botón **Anunciar pase**.

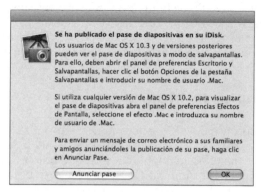

Figura 6.43. Pase de diapositivas publicado.

Para ver un pase de diapositivas abriremos las Preferencias del Sistema y, a continuación, haremos clic sobre Escritorio y Salvapantallas. Seleccionaremos del listado Salvapantallas la opción .Mac y RSS y haremos clic sobre el botón **Opciones**.

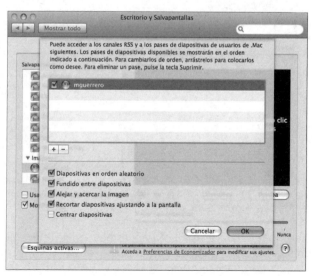

Figura 6.44. Visualización de un pase de diapositivas.

En esta ventana podemos ver todos los pases de diapositivas que tenemos. Para añadir un nuevo pase de diapositivas, debemos introducir el nombre de usuario en la casilla **Nombre de usuario .Mac**. Para eliminar un pase, lo seleccionaremos y pulsaremos la tecla **Supr**. Para desactivarlo solamente debemos desactivar su casilla de verificación. Una vez que hayamos configurado el pase deseado, haremos clic sobre el botón **OK**.

6.8. Imprimir fotografías

En ocasiones puede que nos interese imprimir fotografías, bien para que las vea alguien que no dispone de Internet, o bien, para ponerlas en un marco en casa. iPhoto nos ofrece la posibilidad de imprimir las fotos con una buena calidad y de forma rápida.

Lo primero que debemos hacer es seleccionar las fotos o el álbum que deseamos imprimir y, a continuación, ir al menú Archivo>Imprimir..., o bien, pulsar las teclas **Comando-P**.

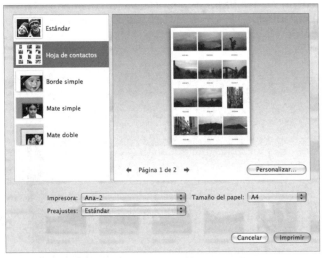

Figura 6.45. Impresión de fotografías.

En la pantalla que aparece deberemos seleccionar nuestra impresora. En Preajustes escogeremos el ajuste de impresión más adecuado para la misma y el papel utilizado. En Temas indicaremos el estilo de impresión que deseamos; los estilos posibles son **Hoja de contactos, Estándar, Borde simple, Mate simple** y **Mate doble.**

A continuación, veremos una tabla en la que se muestra la relación entre la resolución y la calidad de impresión, de esta forma las imágenes se podrán imprimir correctamente.

Tabla 6.1. Relación entre resolución y calidad de impresión.

Tamaño	Resolución mínima
Cartera	320x240
10x15	640x480
12x17	1024x768
20x25	1536x1024
40x50 o más	1600x1200

6.9. Crear un pase de diapositivas

Mediante un pase de diapositivas podremos ver nuestras imágenes en pantalla mientras escuchamos música (en un pase podemos utilizar tantas fotos como queramos y en el orden que decidamos). Para crear un pase podemos utilizar un álbum entero (para ello lo seleccionaremos en la lista **Fuente**) o un evento en particular (para ello hacemos clic en **Eventos** en la lista **Fuente** y, a continuación, hacemos clic y seleccionamos el evento en el área de visualización. Si lo que queremos son varias fotos de un álbum o de la fototeca, abrimos el álbum o la fototeca y, manteniendo pulsada la tecla **Comando,** seleccionamos las fotografías que queremos que aparezcan en nuestro pase de diapositivas.

Una vez seleccionado lo que queremos, hacemos clic en el botón **Añadir** (+), en la esquina inferior derecha de la ventana de iPhoto; a continuación haremos clic en **Pase de diapositivas** del cuadro de diálogo que aparece. Le damos un nombre al pase y hacemos clic en **Crear** (el pase que acabamos de crear aparecerá en la lista Fuente).

En la parte inferior podemos configurar el pase de las diapositivas, añadir su propia música de fondo, especificar el tiempo de visualización de cada diapositiva, elegir entre varias transiciones, mostrar los controles del pase de diapositivas y ajustar otras opciones. Pulsando sobre **Ajustes** se abrirá una ventana en la que indicaremos el tiempo que queremos que se muestre cada diapositiva y podremos escoger la transición y la velocidad con la que se produce la misma.

Figura 6.46. Creando un pase de diapositivas.

Haciendo clic sobre **Ajustes** se abrirá en pantalla una ventana en la que se pueden definir estos parámetros y más; también podemos ajustar otras opciones para todo el pase de diapositivas en este cuadro de diálogo, como el tamaño de las fotos, el efecto Ken Burns y si el pase debe repetirse de manera automática.

Seleccionando la opción Repetir música durante el pase de diapositivas conseguiremos que se repita la música durante todo el pase y si marcamos la opción Sincronizar música y pase de diapositivas conseguiremos que la duración de las diapositivas se ajusten para que se visualicen mientras se reproduce la música. Pulsando sobre Música se abrirá una nueva ventana en la que podremos escoger cualquier música de nuestra biblioteca de iTunes; para escuchar una canción haremos doble clic sobre ella o haremos clic en el botón **Reproducir** situado en la parte inferior.

Para ver el pase de diapositivas, debemos hacer clic en el botón **Reproducir**. A continuación, se mostrarán las diapositivas con los ajustes seleccionados. Para detener el pase de diapositivas, haga clic en cualquier punto de la pantalla.

Figura 6.47. Modo Pase de diapositivas.

6.10. Crear un libros

Podemos crear libros con nuestras fotos. Para ello tendremos que seleccionar primero un álbum que contenga las imágenes en el orden que queramos que aparezcan en el libro, o un evento o bien varias fotografías, tal y como hemos explicado en el punto anterior. A continuación, activaremos el modo Libro haciendo clic sobre Libro. Se abrirá una nueva ventana desde la que daremos un nombre a nuestro libro, un tamaño de libro encuadernado en tapa dura, tapa rústica o tapa rústica con alambre, en el menú local Tipo de libro. Seleccionaremos un tema para el libro en la lista de Temas. Pulsando sobre **Opciones y precios...** se abrirá un navegador en el que se nos muestra información sobre la creación del libro. Hacemos clic en **Seleccionar** e iPhoto pasará a la visualización en forma de libro (el nuevo libro aparece en la lista Fuente y las fotos que había seleccionado se muestran en el navegador de fotos como miniaturas).

iPhoto nos mostrará un mensaje indicándonos que arrastremos las fotos desde la parte superior hasta las páginas del libro o que pulsemos sobre el botón **Autocomponer** para que iPhoto componga el libro automáticamente.

Figura 6.48. Selección del libro.

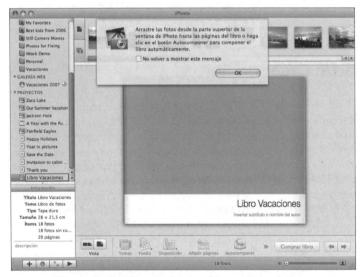

Figura 6.49. Cómo incluir las fotos en las páginas.

Como se puede ver, la ventana de funciones ha cambiado al activar este modo.

En Vista seleccionaremos el modo de vista, si dos páginas del libro o una. En **Temas** se abrirá la ventana inicial que salió al crear el libro para que podamos cambiar el tipo de libro y el tema. En **Fondo** seleccionaremos el color de fondo que queramos. En **Disposición** seleccionaremos el tipo de página en la que nos encontramos (Portada, Introducción, Uno, Dos, Tres, Cuatro, Seis, Siete, En blanco) y cómo queremos las fotos en la página según el tipo de página seleccionado (en toda la página, dejando un margen, con textos, etc.). En **Añadir página** podremos añadir más páginas a nuestro libro. En **Autocomponer**, iPhoto compondrá el libro automáticamente. En **Ajustes** configuraremos los tipos de letra de los títulos, encabezamientos, párrafos, etc. y marcaremos si deseamos introducir información de las fotos automáticamente y si deseamos mostrar los números de páginas.

Figura 6.50. Crear un libro.

Cuando hayamos terminado la creación del libro pulsaremos sobre **Comprar libro**. Se abrirá una nueva ventana en la que nos muestra nuestro pedido y nos pide una cuenta Apple con el sistema de pedidos **1-Click** activado (figura 6.51).

6.11. Exportar fotografías como una película

Podemos exportar imágenes en formato de película QuickTime y enviar esta película a nuestros amigos a través de

Internet o grabarla en un CD o DVD, tal como se ilustra en la figura 6.52.

Figura 6.51. Comprar el libro.

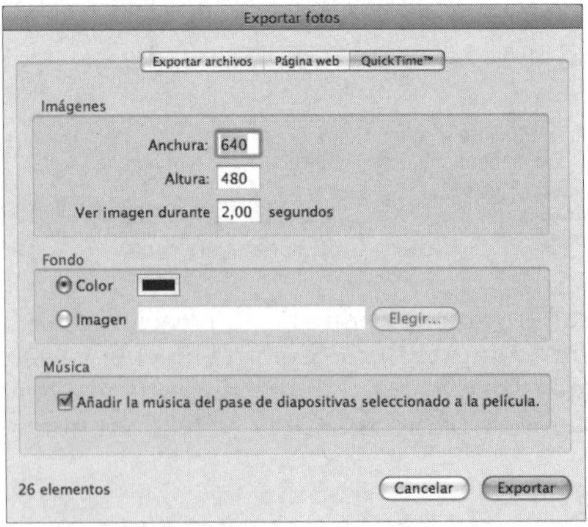

Figura 6.52. Exportar fotos

Para exportar imágenes en formato de película seleccionaremos las imágenes o el álbum a exportar e iremos al menú Archivo>Exportar…. En la ventana de Exportar fotos haremos clic sobre QuickTime. En Anchura y Altura indicaremos las dimensiones en píxeles que queremos para la película. En Ver imagen durante especificaremos el tiempo que deseamos que se muestre cada imagen. Podemos especificar el color de fondo que queremos o seleccionar una imagen específica. Si activamos la opción Añadir la música seleccionada a la película, iPhoto utilizará la última canción que hayamos seleccionado como banda sonora de la película. Una vez configurados los ajustes, haremos clic sobre el botón **Exportar** e indicaremos un nombre y una carpeta donde guardar la película que se va a crear.

Figura 6.53. Resultado de la exportación como película.

6.12. Fotos como fondo de escritorio

Podemos utilizar nuestras propias fotografías como fondos de escritorio. Para ello seleccionaremos una foto y haremos clic sobre el botón **Escritorio** desde el modo Organizar. iPhoto reemplazará el escritorio que tengamos por la foto seleccionada. Si seleccionamos varias fotografías, conseguiremos que la imagen del escritorio vaya cambiando según vayamos trabajando.

6.13. Grabar las fotos en CD o DVD

Con iPhoto podemos crearnos una fototeca con todas las imágenes, títulos y comentarios. iPhoto nos permite hacer una copia tanto de toda nuestra fototeca como de algunas imágenes. Para grabar tendremos que seleccionar aquellas imágenes o el álbum que deseemos y, a continuación, iremos al menú Compartir>Grabar. iPhoto nos pedirá que insertemos un disco vacío, lo insertamos y hacemos clic a continuación sobre el botón **OK**.

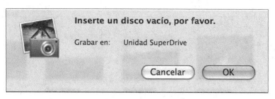

Figura 6.54. Insertar un disco vacío.

A continuación, aparecerá en la pantalla información sobre el espacio que ocupan las fotos en el disco, pudiendo añadir o eliminar fotografías. Cuando tengamos lista la selección que queremos grabar haremos clic sobre el botón **Grabar** y aparecerá un mensaje en la pantalla para que confirmemos la grabación. Para comenzar haremos clic sobre el botón **Grabar**.

6.14. Solicitar copias

Podemos solicitar copias de nuestras fotografías a *Kodak Print Services* a través de iPhoto. Para ello, pulsaremos sobre Compartir>Solicitar copias, o bien haremos clic sobre el icono , entonces aparecerá una nueva ventana en la que indicaremos el número de copias que deseamos y nos mostrará información sobre los tamaños y precios. Al igual que con el libro necesitaremos una cuenta Apple, con el sistema de pedidos **1-Click** activado. También tendremos que especificar una dirección de envío en el menú Enviar a. En el menú Enviar a través de seleccionaremos el método de envío en el menú local. Por último haremos clic en el botón **Comprar** para finalizar nuestro pedido.

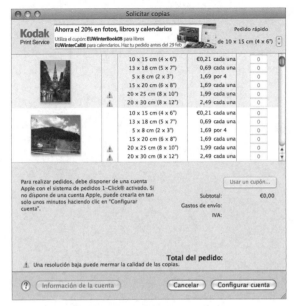

Figura 6.55. Solicitar copias.

7

iMovie

Las fotografías nos hacen recordar muchas de las cosas que hemos vivido a lo largo de nuestra vida, pero ¿qué haríamos si no tuviéramos vídeos? Los vídeos nos muestran elementos y momentos que en las fotografías ni siquiera apreciamos.

Con iMovie podemos editar vídeos formados por clips, imágenes fijas y música, importar clips desde una cámara DV o montar fotografías desde iPhoto.

Haremos clic sobre el botón **Crear un proyecto nuevo** e indicaremos un nombre para el nuevo proyecto, además del formato de vídeo. Podremos escoger entre:

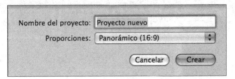

Figura 7.1. Crear un nuevo proyecto con formato de vídeo.

- **DV**: Es el formato de vídeo primario y es compatible con la mayoría de videocámaras.
- **DV panorámico**: Es el mismo formato que DV a excepción de que utiliza las proporciones 16:9.
- **HDV 1080i**: Formato de vídeo de alta definición (HD) compatible con las cámaras de vídeo HDV.
- **HDV 720p**: Es un formato de vídeo de alta definición (HD) compatible con las cámaras de vídeo HDV.
- **MPEG-4**: Formato de vídeo compatible con muchos de los dispositivos de vídeo del mercado, entre ellos, cámaras digitales.

- **iSight**: Es un formato de vídeo compatible con la cámara de vídeo iSight de Apple.

7.1. Un primer vistazo

Vamos a ver las distintas partes en las que se divide la interfaz indicando para qué nos sirve cada una.

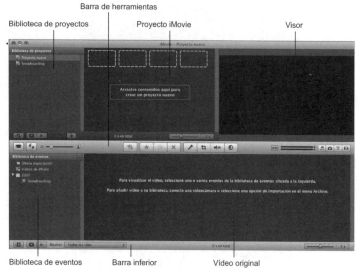

Figura 7.2. Interfaz de iMovie.

1. **Proyecto iMovie**: En esta zona combinaremos nuestros clips de vídeo, fotos, música, para crear nuestra película. La barra de arrastre que aparece en esta zona de la pantalla, nos permite ajustar el número de fotogramas por miniatura que queremos (figura 7.3).
2. **Visor**: Esta vista cambiará en función del modo seleccionado y nos permitirá controlar y configurar tanto los vídeos como el audio (figura 7.4).
3. **Biblioteca de proyectos**: Aquí aparecerán todos los proyectos de iMovie que hemos creado. En esta zona aparecen cuatro botones, con el primero mostraremos/ocultaremos la lista de proyectos, con el segundo reproduciremos el proyecto seleccionado a pantalla completa,

con el tercero reproduciremos un proyecto desde el principio, con el último crearemos un nuevo proyecto (véase la figura 7.5).

Figura 7.3. Proyecto iMovie.

Figura 7.4. Visor.

Figura 7.5. Biblioteca de proyectos.

4. **Barra de herramientas**: En esta barra aparecen la mayoría de los controles y herramientas que necesitaremos

para nuestro proyecto. Veamos cada uno de los controles que aparecen y para qué sirven.

Figura 7.6. Barra de herramientas.

- **Botones izquierdos**: Con el primero, abriremos la ventana de importación de la cámara. Con el segundo, podremos intercambiar eventos y proyectos. Con la barra de arrastre, ajustaremos el tamaño de las miniaturas.

Figura 7.7. Botones izquierdos.

- **Botones centrales**: Con el primero, añadiremos una selección al proyecto. Con los tres siguientes, marcaremos/desmarcaremos/anularemos, la selección. Con el siguiente podemos incluir una voz en *off*. Podemos también recortar girar o dar efecto Ken Burns a nuestro proyecto con el siguiente botón, y por último ajustaremos el audio y el vídeo.

Figura 7.8. Botones centrales.

- **Botones derechos**: Con el primero podemos activar/desactivar el arrastre de audio. Y con los otros cuatro mostraremos/ocultaremos el navegador de música/fotos/títulos/transiciones respectivamente.

Figura 7.9. Botones derechos.

5. **Biblioteca de eventos**: Aparecen los nombres de todos los eventos grabados en vídeo y guardados en iMovie.
6. **Vídeo original**: Nos muestra el contenido de los eventos seleccionados en la biblioteca de eventos.

Figura 7.10. Biblioteca de eventos.

Figura 7.11. Vídeo original.

7. **Barra inferior**: Con el primer botón mostraremos/ocultaremos la biblioteca de eventos, con el segundo reproduciremos los eventos a pantalla completa, con el tercero reproduciremos los eventos seleccionados desde el principio, y con el último filtraremos el vídeo marcado como Favorito. Con la barra de arrastre, ajustaremos el número de fotogramas por miniatura en el navegador Eventos.

Figura 7.12. Barra inferior.

7.2. Importar vídeo

Tenemos varias formas de importar vídeo. Puede que tengamos un vídeo ya en el disco duro o que hayamos grabado ese momento tan bonito en una cámara digital. iMovie nos permite importar los dos tipos de vídeo.

7.2.1. Importar desde el disco duro

Para importar un vídeo o un clip que tengamos en el disco duro de nuestro ordenador (podemos importar cualquier formato de vídeo que sea capaz QuickTime de reproducir). Podremos hacerlo de dos formas distintas. La primera de ellas consiste en arrastrar el vídeo e importar desde el Finder a la ventana de iMovie, realmente al contenedor de clips importados.

Figura 7.13. Importar un vídeo desde el Finder.

La otra forma consiste en ir al menú Archivo>Importar películas y navegar por el disco duro hasta donde se encuentre el vídeo, seleccionarlo y, a continuación, hacer clic sobre el botón **Importar**.

Al importar un vídeo, iMovie se pondrá a copiar y a tratar el vídeo, proceso que tardará unos minutos, por lo que debemos ser bastante pacientes.

Figura 7.14. Importación de archivos.

7.2.2. Importar desde una cámara DV

Para importar desde una cámara de vídeo digital tendremos que conectar la cámara al Mac. La cámara debe contener la cinta desde la que queremos realizar la importación y nos aseguraremos que en ella se encuentra activado el modo VTR (modo de grabación en cinta de vídeo, en algunas cámaras VCR).

Figura 7.15. Conectar la cámara al equipo.

Cuando la cámara esté conectada correctamente, se abrirá la ventana Importar desde. Si estamos importando vídeo de alta definición HD, en ese caso se abrirá el cuadro de diálogo Ajuste de importación 1080i HD. Para el primer caso, simplemente hacemos clic en **OK**. En el segundo caso seleccionamos el tamaño en el que deseamos que iMovie importe vídeo.

Nota: *En el caso de estar importando vídeo de alta definición es recomendable utilizar el tamaño de vídeo grande, ya que ahorraremos espacio en el disco rígido y evitaremos problemas de reproducción en algunos equipos.*

Ya estamos listos para hacer clic en **Importar**. En el menú local Guardar en, seleccionaremos el lugar donde deseamos guardar el vídeo importado.

A continuación seleccionaremos cómo queremos organizar el vídeo importado en su biblioteca de eventos:

- Si queremos añadir el vídeo importado a un evento ya existente, seleccionaremos **Añadir a evento existente** y, a continuación, el nombre del evento en el menú local.
- Si por el contrario queremos crear un evento nuevo, introduciremos el nombre del evento que deseamos crear en el campo **Crear nuevo evento**.
- Si queremos crear un evento para cada día de grabación, seleccionaremos la opción **Dividir días en eventos nuevos**.

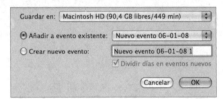

Figura 7.16. Configurando la importación.

Hacemos clic en **OK**, en este momento la cinta de la videocámara se rebobinará automáticamente hasta el principio; se importará todo el vídeo de la cinta y, después, la cinta se volverá a rebobinar. Veremos una reproducción de lo que tenemos grabado, mientras se realiza la importación (el sonido sólo se escucha en la cámara). Es posible que se tarde más en importar el vídeo que en verlo. Tras importar, iMovie necesita unos minutos para generar imágenes en miniatura de cada clip de vídeo (figura 7.17).

Nota: *El vídeo de la cámara de fotos digital o de la cámara del teléfono que descarguemos en la fototeca de iPhoto lo tendremos disponible automáticamente al abrir iMovie. Para verlos tan sólo tendremos que seleccionar* **Vídeos de iPhoto** *en la biblioteca de eventos.*

7.2.3. Grabar directamente en iMovie

Si nuestro Mac tiene una cámara iSight integrada, o si conectamos una cámara iSight u otra cámara web o de vídeo compatible mediante un cable FireWire, podremos grabar vídeo directamente en iMovie y trabajar con él.

Figura 7.17. Importando desde la cámara de vídeo.

Lo primero que tenemos que hacer para ello es conectar la cámara, si no está integrada, o bien su otra cámara web o una cámara de vídeo equipada con FireWire, hacemos clic en el botón **Importar** y se abrirá la ventana Importar. Hacemos clic en el botón Capturar, en el menú local Guardar en, seleccionamos el lugar donde queremos guardar el vídeo grabado. Seleccionaremos también cómo queremos organizar el vídeo grabado en la biblioteca de eventos:

- Si queremos añadir el vídeo que hemos importado a un evento ya existente, seleccionaremos Añadir a evento existente y, a continuación, el nombre del evento en el menú local.
- Si por el contrario queremos crear un evento nuevo, introduciremos el nombre del evento que deseamos crear dentro del campo Crear nuevo evento (véase la figura 7.18).

Cuando estemos listos para empezar a grabar, hacemos clic en **OK** e iMovie comenzará a grabar inmediatamente. Cuando queramos parar la grabación, hacemos clic en **Detener**. Ahora iMovie necesitará unos instantes para generar las imágenes en miniatura que representan al vídeo. Si ya hemos finalizado la grabación hacemos clic en **Salir** (véase la figura 7.19 en la siguiente página).

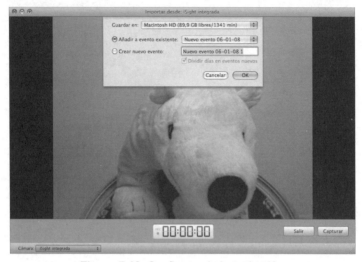

Figura 7.18. Configurando la grabación.

Figura 7.19. Grabar directamente en iMovie.

7.3. Organizar nuestra biblioteca

Después de importar, vamos a ver cómo podemos disfrutar del vídeo. Nuestros vídeos se van a organizar en diferentes eventos, dentro de la biblioteca de eventos, y desde ella podemos visualizarlos, buscarlos o mejorarlos.

7.3.1. Trabajar con eventos

Como acabamos de ver, cuando importamos un vídeo, éste aparecerá en la biblioteca de eventos, ordenado por año. Si hacemos clic en el triángulo desplegable de un año en la biblioteca de eventos, se muestran todos los eventos ocurridos durante ese año en concreto.

Si seleccionamos el nombre de un evento y en ese momento importamos un nuevo vídeo, se agrupará en el evento que hemos seleccionado. Podemos unir varios eventos en uno, o dividir un evento en dos.

Cuando seleccionamos un evento en el Panel Vídeo original, se muestran todos los vídeos que contiene. Si seleccionamos varios eventos simultáneamente, se mostrarán todos los vídeos que contienen los eventos seleccionados. Vamos a ver que podemos hacer con ellos:

- **Seleccionar varios eventos**: Para ello manteniendo pulsada la tecla **Comando** hacemos clic en los nombres de los eventos que queramos seleccionar.
- **Fusionar eventos**: Seleccionamos los eventos que queremos fusionar y elegimos a continuación Archivo>Fusionar eventos.

Figura 7.20. Fusionar eventos.

- **Dividir un evento en dos**: Seleccionamos el clip de vídeo que queremos convertir en el primero del nuevo evento y, a continuación, seleccionamos Archivo>Dividir evento antes del clip seleccionado.

Figura 7.21. Dividir un evento en dos.

7.3.2. Los clips

A continuación vamos a fijarnos en los clips de vídeo que contiene cada evento, pero primero debemos tener un pequeño conocimiento de cómo es un clip o película, se trata de fragmentos o secuencias de vídeo, una película básicamente contiene varios clips ordenados adecuadamente. En ellos vemos perfectamente el interior del vídeo, gracias a las imágenes repartidas en el tiempo que aparecen. Cada tira de imágenes representa un clip de vídeo. Cada clip es un segmento de vídeo que comienza en el momento en el que la cámara comienza a grabar y finaliza cuando la grabación se detiene. Normalmente, cada evento incluye varios clips de vídeo, uno por cada vez que encendimos y detuvimos la cámara durante la grabación del evento.

Por defecto, iMovie muestra una imagen por cada cinco segundos de vídeo de un clip; pero podemos cambiar este comportamiento predeterminado como queramos, para ello arrastraremos el regulador de la miniatura del clip hacia la derecha para acortar el clip o bien hacia la izquierda para alargar el clip.

Figura 7.22. Configurando la visualización de un clip.

> **Nota:** *Para los curiosos, el formato NTSC (utilizado en Norteamérica) tiene una frecuencia de 29,97 fotogramas por segundo (fps), mientras que el formato PAL (utilizado en el resto del mundo) tiene 25 fps.*

Reproducir los clips

Al desplazar el puntero sobre las tiras de imágenes, notará que las imágenes se mueven y que también lo hace la imagen del visor. La imagen del visor se corresponde con el momento del vídeo, o fotograma de vídeo, en el que el puntero se queda parado.

La acción de mover el puntero hacia atrás y hacia delante a través del vídeo para verlo, es una forma rápida de hacerse una idea del aspecto del vídeo.

Mientras estamos visualizando el vídeo también se oye el audio, que se reproduce hacia delante y hacia atrás cuando avanza o retrocede de forma rápida, respectivamente.

Vamos a ver las distintas formas de reproducir los clips:

- **Reproducirlo desde cualquier punto**: Para reproducir un vídeo desde cualquier punto, colocaremos el puntero en el lugar donde queremos que se inicie la reproducción y pulsaremos la barra espaciadora, ó bien haremos doble clic en el punto en el que queremos iniciar la reproducción e iremos al menú Visualización>Reproducir.

Cuando queramos detener la reproducción de un vídeo pulsaremos la barra espaciadora durante la reproducción.

- **Reproducir los eventos seleccionados desde el principio**: Para reproducir un clip desde el principio únicamente tendremos que seleccionar dicho clip y, a continuación, hacer clic en Visualización>Reproducir desde el principio.
- **Reproducir un evento a pantalla completa**: Para reproducir un vídeo a pantalla completa seleccionaremos cualquier parte de un clip y, a continuación, haremos clic en el botón **Reproducir a pantalla completa** bajo la biblioteca de eventos.
- **Reproducir fotogramas de vídeo seleccionados**: para reproducir los fotogramas seleccionados, seleccionaremos los fotogramas que queramos reproducir y haremos clic en Visualización>Reproducir selección.

Figura 7.23. Reproducción de un evento a pantalla completa.

7.3.3. Seleccionar el vídeo original

Cada clip de vídeo está compuesto por varios fotogramas de vídeo, que aparecen como imágenes estáticas individuales, de forma muy parecida a las imágenes estáticas individuales que forman los fotogramas de una tira de imágenes fotográficas. Normalmente, al trabajar con vídeo en iMovie, se seleccionan rangos de fotogramas de vídeo, o *intervalos de fotogramas*.

Por omisión, siempre que hace clic en un clip de vídeo original, iMovie selecciona cuatro segundos de vídeo a partir del punto donde ha hecho clic. Entonces, sólo tiene que hacer clic para seleccionar intervalos de fotogramas del mismo tamaño, lo que garantizará un ritmo uniforme en la película que está creando.

Aparece un borde de selección amarillo alrededor del intervalo de fotogramas seleccionado. Podemos ampliar o reducir este intervalo de fotogramas arrastrando uno de los tiradores del borde de selección amarillo, o bien seleccionar el clip entero.

Para seleccionar un intervalo de fotogramas de vídeo en la biblioteca de vídeos originales, haremos clic en un clip para seleccionar cuatro segundos de vídeo, comenzando en el punto en el que ha hecho clic, y arrastraremos el tirador de uno de los dos extremos del borde de selección para ampliar o reducir dicha selección. Arrastraremos el clip para seleccionar la cantidad que queramos, y tras efectuar una selección inicial, colocaremos el puntero sobre el punto inicial o final que queramos y haremos clic manteniendo pulsada la tecla **Mayúsculas**.

Si lo que queremos es seleccionar un clip de vídeo completo en la biblioteca de vídeos originales, haremos clic en el clip con la tecla **Control** pulsada y pincharemos en el menú que aparece sobre la opción Seleccionar todo el clip.

Figura 7.24. Seleccionando un vídeo.

Marcar un vídeo

Ya no es necesario explorar a lo largo de varias horas de vídeo ni avanzar y retroceder de forma rápida para buscar los momentos que más nos gusten. En su lugar, mientras examinamos el contenido del vídeo, podremos marcar los mejores y los peores fragmentos del vídeo, lo que facilita su filtrado y el trabajo posterior o la posible eliminación de fragmentos.

Seleccionamos un fragmento de vídeo que nos guste especialmente y lo marcamos como favorito; mientras que el fragmento de vídeo que no nos guste lo marcaremos para eliminarlo.

Primero, ajustaremos el filtro de vídeo original para que nos muestre todos los clips, para ello seleccionamos Todos los clips en el menú local Mostrar, situado bajo la biblioteca de eventos.

A continuación, seleccionamos el intervalo de fotogramas o el clip de vídeo completo que nos guste y, a continuación, hacemos clic en el botón **Marcar como favorito** [★] en la barra de herramientas de iMovie. Si lo que queremos es marcar una escena para su eliminación, seleccionamos el intervalo y, a continuación, haremos clic en el botón **Rechazar** de la barra de herramientas de iMovie. Aparecerá una barra roja en la parte superior del intervalo de fotogramas.

Figura 7.25. Marcando como favorito un clip.

Filtrar vídeos

Ahora que ya hemos marcado algunos vídeos, vamos a filtrar fácilmente la biblioteca de vídeos originales, de modo que sólo veamos las mejores o las peores selecciones.

Para filtrar la biblioteca de vídeos originales para clips Favoritos o Rechazados, seleccionamos una de las opciones siguientes en el menú local Mostrar, situado bajo la biblioteca de eventos, bien, sólo favoritos, o los favoritos y los clips desmarcados (que nos mostrará todos los vídeos marcados como favoritos o que se han dejado sin marcar). Todos los clips o sólo los clips rechazados. Al seleccionar la opción Solo clips rechazados, ésta nos permite previsualizar los clips rechazados para facilitarnos su eliminación. Para eliminar dichos clips seleccionaremos Visualización>Solo clips rechazados y haremos clic en la opción Trasladar a la Papelera en la esquina superior derecha, encima de los clips rechazados.

Figura 7.26. Filtrando vídeos.

7.4. Edición de vídeo

Mientras miramos el vídeo, podemos darnos cuenta de que incluso aquellos fragmentos que hemos marcado como favoritos pueden mejorarse. Tal vez su clip favorito tiene un volumen demasiado alto o demasiado bajo. En otro clip, el personaje principal nos ofrece una gran sonrisa, pero está un poco alejado. O tal vez crea que los colores están apagados o demasiado vivos. Con iMovie es fácil mejorar el aspecto y el sonido de los vídeos.

7.4.1. Cómo recortar imágenes de vídeo

Con iMovie podemos recortar el vídeo para crear un primer plano de alguien donde antes no había ninguno. Para recortar un clip, haremos clic en el botón **Recortar** y, a continuación, lo seleccionamos. En el visor, haremos clic en **Recortar**, aparecerá un rectángulo de recorte de color verde alrededor de los bordes exteriores del fotograma, arrastraremos el rectángulo de recorte verde para cambiar su tamaño y volver a colocarlo hasta que queden señaladas las partes de la imagen que queramos resaltar. Para previsualizar nuestro trabajo, haremos clic en el botón **Reproducir**.

Figura 7.27. Recortando un vídeo.

7.4.2. Ajustar el volumen de los clips

iMovie nos ofrece dos maneras sencillas para ajustar los niveles de sonido de los clips de vídeo: reducir el volumen máximo o ajustar los volúmenes del clip para ajustarlos a un intervalo "normalizado". Ambos ajustes se realizan en la ventana Ajustes de audio. Para abrir dicha ventana, haremos clic en el botón **Ajustes de audio**.

Si tenemos un clip con un volumen demasiado alto en comparación con los demás, o si, por el contrario, el sonido de uno de los clips es demasiado bajo, podemos subir o bajar el volumen del clip. Para ello iremos a la ventana Ajustes de audio, seleccionamos el clip y arrastraremos el Regulador de Volumen al nivel que queramos (figura 7.28).

Si por el contrario tenemos un clip en el que la voz suena demasiado alta y otro en que suena demasiado baja, normalizar el volumen nos permitirá restaurar los volúmenes para ajustarlos al intervalo de volumen que queramos. Para ello abrimos de nuevo la ventana Ajustes de audio, seleccionamos el clip y hacemos clic en Normalizar volumen del clip, esta opción nos ajusta el volumen del clip a su nivel máximo sin provocar distorsión. Seleccionamos el siguiente clip y, a continuación, hacemos clic de nuevo en Normalizar volumen del clip, los volúmenes de ambos clips se ajustarán al mismo intervalo.

Figura 7.28. Panel Ajustes de audio.

7.4.3. Añadir música al proyecto

Puede dar vida a su película añadiéndole música. Si tiene canciones en la biblioteca de iTunes, podemos arrastrar una para acompañar al vídeo. Si no tenemos ninguna, podemos utilizar una de las sintonías disponibles en iLife.

Para ello seleccionaremos el comando Ventana>Música y efectos de sonido, o haremos clic en el botón **Música y efectos de sonido** de la barra de herramientas de iMovie. En el panel Música y efectos de sonido, haremos clic en iTunes para ver toda la música de la biblioteca de iTunes, o en la carpeta Sound Effects para encontrar música de fondo apropiada para su película.

Figura 7.29. Panel Música y efectos de sonido.

Podemos previsualizar cualquier archivo de sonido, para ello, haremos doble clic en él. Seleccionamos el archivo de música y lo arrastramos al fondo del proyecto, con cuidado de no arrastrarlo sobre un clip. Un icono verde de música de fondo aparece detrás de los clips de vídeo, comenzando por el principio y siguiendo durante toda la canción o vídeo (el que termine primero).

Figura 7.30. Arrastrando un archivo de música.

Si la música sigue después del vídeo, aparecerá un indicador de música al final del mismo. Al final del vídeo se aplica a la música un fundido de salida automáticamente. Para ajustar los puntos inicial y final de la música de fondo, haremos clic en el fondo verde y seleccionaremos Edición>Acortar música. La herramienta Acortar música se abrirá y mostrará solo el clip de la música de fondo.

Dentro del clip de música hay una onda. En los fragmentos en que esta onda es w, hay también vídeo. Una onda de color negro indica la parte del clip de música que se extiende más allá del punto inicial o final del vídeo. Si añadimos más clips para alargar el vídeo, la música de fondo cubrirá el vídeo añadido de forma automática.

Para definir el punto de la música en que el vídeo empieza a reproducirse, arrastraremos el primer tirador de selección. A medida que arrastramos del punto inicial del vídeo, la onda rosada se desplaza dentro del clip de música y el vídeo correspondiente se reproduce en el visor para indicar la nueva posición del punto de inicio del vídeo. Para establecer el punto del vídeo en el que termina la música, arrastraremos el segundo tirador de selección.

7.4.4. Añadir transiciones

iMovie permite insertar transiciones al principio, al final o entre dos clips. Debemos tener en cuenta que la duración de la transición debe ser menor que el tiempo que dure el menor de los clips, de no ser así iMovie nos dará un error.

Para añadir una transición haremos clic en el menú Ventana>Transiciones o en el botón **Transiciones** ▣ de la barra de herramientas de iMovie y veremos la siguiente pantalla:

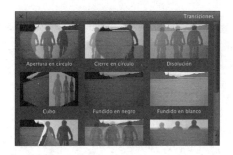

Figura 7.31. Panel Transiciones.

En el panel Transiciones, podemos previsualizar los estilos de transición disponibles dejando el puntero sobre cada uno de ellos, seleccionamos la transición que queramos y la arrastramos entre dos clips en nuestro proyecto de iMovie. Aparecerá un icono de transición negro.

Para previsualizar la transición escogida haremos clic en cualquier punto del clip, justo delante de la transición, para reproducirlo. Si no nos gusta como queda, podemos arrastrar otra transición sobre ella para reemplazarla o eliminarla y añadir una transición diferente en cualquier momento (véase la figura 7.32).

Para borrar una transición la seleccionaremos el icono de transición negro, pulsaremos la tecla **Suprimir**.

Para cerrar el panel Transiciones, haremos clic en el botón **Transiciones** de la barra de herramientas de iMovie.

Figura 7.32. Transición añadida.

> **Nota:** *Por omisión, todas las transiciones del proyecto están ajustadas a medio segundo. Pero podemos cambiar la duración en la ventana de propiedades del proyecto.*

7.4.5. Añadir títulos

Podemos añadir títulos a los diferentes clips de los que consta la película, para añadir un título haremos clic sobre el botón **Títulos** T de la barra de herramientas de iMovie o bien seleccionamos el menú Ventana>Títulos.

Figura 7.33. Ventana de Títulos.

Seleccionamos el estilo de título que queremos y lo arrastramos hasta un clip del proyecto de iMovie. Al pasar por encima de un clip de vídeo con el título, aparecerá una sombra violeta sobre el clip que nos indicará si el título aparecerá en todo el clip, en el primer tercio del clip o en el último. Siempre vamos a poder mover el título y cambiarlo de tamaño. Una vez hayamos colocado el título, aparecerá un título en el visor de iMovie y un icono de título azul sobre el clip de vídeo. En el visor, seleccionamos el texto del marcador de posición y escribiremos el texto que queramos.

Para cambiar el color, el tipo de letra o el estilo del texto, seleccionaremos el texto, haremos clic en el botón **Mostrar tipos** del visor y haremos los cambios que queramos en el panel Tipos de letra.

Figura 7.34. Panel Tipos de letra.

Para previsualizar el vídeo, haremos clic en el botón **Reproducir** del visor.

7.4.6. Añadir efectos de sonido y voz al proyecto

Con iMovie podemos añadir cualquier efecto de sonido o grabación de voz a nuestro proyecto y anclarlo a un fotograma de vídeo concreto, de modo que se iniciará y detendrá cuando lo queramos.

Podemos utilizar cualquier archivo de sonido disponible en nuestra biblioteca de iTunes o uno de los situados en las carpetas de efectos de sonido. Podemos también grabar una voz directamente en el vídeo de iMovie.

Para añadir un efecto de sonido, haremos clic en el botón **Música y efectos de sonido** de la barra de herramientas de iMovie o bien seleccionaremos Ventana>Música y efectos de sonido.

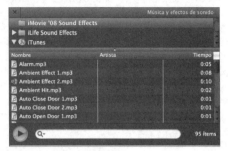

Figura 7.35. Panel Música y efectos de sonido.

Haremos clic en una de las carpetas de efectos de sonido para ver una lista de efectos, o bien utilizaremos el campo de búsqueda de la parte inferior del panel para buscar un archivo de audio por nombre. Para previsualizar cualquier archivo de sonido haremos doble clic en él. Seleccionaremos el archivo de música que queremos incluir en nuestro proyecto iMovie y lo arrastraremos donde queremos que comience a reproducirse. Aparecerá un icono de clip de sonido de color verde debajo de los clips de vídeo.

Para grabar una voz, haremos clic en el botón **Voz en off** se abrirá la ventana Voz en off.

Figura 7.36. Voz en off.

Seleccionamos a continuación el micrófono que queremos utilizar en el menú local Grabar desde. Arrastramos el regulador Volumen de entrada a izquierda o derecha (si nuestra voz es suave, lo arrastraremos hacia la derecha para aumentar el volumen de la grabación, si por el contrario es fuerte lo haremos hacia la izquierda para reducir el volumen de la grabación). Arrastraremos el regulador **Reducción de ruido** totalmente hacia la derecha para eliminar el ruido ambiente (ruido blanco) lo más posible. Seleccionaremos **Optimización de la voz** si queremos suavizar el sonido de las voces grabadas. Si necesitamos escuchar el sonido a medida que se graba la voz en off, seleccionamos la opción **Reproducir audio del proyecto durante la grabación**. Cuando estemos listos para empezar, haremos clic en el punto del clip donde queremos que empiece la voz. iMovie realizará una cuenta atrás de tres a uno. Comenzaremos a hablar cuando iMovie nos lo indique. Para detener la grabación, pulsaremos la barra espaciadora.

Para acortar el clip de voz, arrastraremos el extremo del icono de voz hacia la izquierda.

7.4.7. Añadir fotografías

Para proporcionar variedad a nuestras películas, podemos añadir fotografías de nuestra biblioteca de iPhoto. Las imágenes fijas pueden cobrar vida utilizando los efectos de zoom y panorámica Ken Burns, que simulan que la cámara pasa rápidamente por encima de la imagen fija y se acerca o se aleja de ella.

Para añadir una foto, seleccionaremos el menú Ventana>Fotos o haremos clic en el botón **Fotos** de la barra de herramientas de iMovie. En el panel Fotos, buscaremos la imagen que queremos añadir, y utilizaremos el campo de búsqueda situado en la parte inferior del panel para buscar una foto por nombre. Arrastraremos la foto al lugar del proyecto en el que queremos que aparezca.

Figura 7.37. Panel Fotos.

> **Nota:** *Por omisión, iMovie ajusta la duración de las fotos a cuatro segundos y aplica el efecto Ken Burns. Para cambiar el tiempo durante el que la foto aparecerá en el proyecto, haremos clic en el botón **Duración**, que está situado en la esquina inferior izquierda del clip de foto (y aparece al dejar el puntero cerca del final del clip). A continuación, escribiremos cuántos segundos queremos que la foto permanezca en pantalla en la película.*

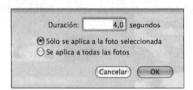

Figura 7.38. Cambiando el tiempo de aparición de la imagen.

Si no nos gusta cómo se ha añadido el efecto Ken Burns a la foto, podemos eliminarlo o modificarlo. Seleccionamos la foto en el proyecto y hacemos clic en el botón **Recortar** de la barra de herramientas de iMovie. En el visor, haga clic en Ken Burns. Aparecerán dos rectángulos de recorte en el visor. El rectángulo de recorte verde indica el punto de inicio del efecto Ken Burns y el rectángulo de recorte rojo indica el punto final del efecto Ken Burns. Podemos intercambiar de forma rápida las posiciones de los rectángulos rojo y verde haciendo clic en el pequeño botón con dos flechas situado dentro del rectángulo de recorte seleccionado. Arrastramos el rectángulo de recorte verde para cambiar el tamaño y la posición hasta que señale la posición en la que queremos que se inicie el efecto Ken Burns. Arrastramos el rectángulo de recorte rojo para cambiar su tamaño y volver a colocarlo hasta que señale la posición final del efecto Ken Burns. Para previsualizar su trabajo, haremos clic en el botón **Reproducir** (véase la figura 7.39).

7.5. Compartir la película

Ya hemos terminado nuestra película, pero ahora nos queda lo más importante, poder verla. Tenemos distintas formas de ver nuestro proyecto: podemos publicarlo en YouTube, en la galería web de .Mac, grabarlo en un DVD o grabar la película en cualquier formato.

Figura 7.39. Ken Burns.

Lo que sí tenemos que tener en cuenta es que el proceso de compresión y exportación de la película es un proceso costoso y lento, por lo que iMovie tardará en realizar este proceso. Nuestra recomendación es que procuremos no utilizar el Mac mientras iMovie esté exportando una película.

7.5.1. Compartir una película con iTunes

Podemos crear una película para, posteriormente, verla en un iPod, un iPhone o un Apple TV. Para exportar una película iremos al menú Compartir>Compartir con iTunes, seleccionaremos el tamaño de película que queramos. El tamaño mediano es el más adecuado para las películas que van a verse en un iPod, mientras que las de tamaño grande son idóneas para verlas en un televisor de alta definición. Puede que el proceso de generación lleve cierto tiempo, especialmente si van a generarse varios tamaños al mismo tiempo. Una vez haya terminado el proceso, la película la encontraremos en la biblioteca de películas de iTunes, desde donde podremos descargarlas en el iPod o transmitirlas en tiempo real a un televisor de alta definición a través del Apple TV.

7.5.2. Compartir una película final con otras aplicaciones

Podemos también crear una película, para después utilizarla con iWeb, iDVD, GarageBand y otras aplicaciones, seleccionaremos el menú Compartir>Compartir con otras aplicaciones. Seleccionaremos el tamaño que queramos para la película final. El proceso de generación llevará cierto tiempo, especialmente si van a generarse varios tamaños al mismo tiempo. Una vez generadas las películas, las encontraremos en el visualizador multimedia para que pueda utilizarlas en iDVD, iWeb y GarageBand.

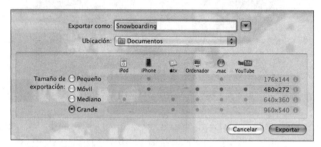

Figura 7.40. Compartiendo una película con iTunes.

7.5.3. Publicación directa en Internet

Podemos publicar nuestra película directamente en su cuenta de .Mac. Para ello seleccionaremos el proyecto en la biblioteca de proyectos e iremos al menú Compartir>Publicar en la galería web de .Mac.

En el campo Título de página, escribiremos el nombre que queremos darle a nuestra película, en el campo Descripción, introduciremos una breve descripción para los espectadores. Seleccionaremos un tamaño de publicación que ofrezca una visualización óptima a nuestros amigos y familiares, que pueden tener una conexión a Internet más o menos rápida. Si queremos que los espectadores puedan descargar copias de la película, activaremos la opción Permitir la descarga de películas. Hacemos clic en **Publicar** e iMovie cargará la película automáticamente en la galería web de .Mac.

Una vez cargada la película en la galería web de .Mac, en la barra de título del proyecto de iMovie aparecerá Publicado en la galería web de .Mac. También contiene botones para acceder a la página web de la película y enviar notificaciones a sus amigos. Para visitar la página web de su película, hacemos clic en **Visitar**.

Publicar nuestro proyecto en YouTube

Si no tenemos una cuenta de .Mac, podemos publicar nuestro vídeo en YouTube.

Para publicar nuestro proyecto en YouTube, seleccionamos el proyecto en la biblioteca de proyectos y vamos al menú Compartir>Publicar en YouTube. En el menú local Cuenta, seleccionaremos nuestra cuenta.

Si no tenemos cuenta en YouTube, haremos clic en **Añadir** para crear una. Escribiremos un nombre para la película en el campo Título de página y añadiremos una breve descripción para los espectadores en el campo Descripción.

En el campo Etiquetas, escribiremos palabras clave para ayudar a los usuarios a encontrar nuestra película cuando la busquen en YouTube. Seleccionaremos también un tamaño para la publicación.

Si no queremos que nuestra película esté disponible públicamente, seleccionaremos la opción Película privada. Pulsamos **Siguiente** y, a continuación, en **Publicar** para aceptar las condiciones de servicio de YouTube. iMovie cargará la película automáticamente en el sitio web de YouTube.

7.5.4. Exportar a QuickTime

La exportación a QuickTime, nos permite exportar nuestra película en diferentes formatos. La diferencia básica entre estos formatos será el tamaño de exportación. Para exportarla a QuickTime, iremos al menú Compartir>Exportar con QuickTime, aparecerá como el que se muestra en la figura que se ilustra a continuación.

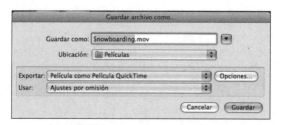

Figura 7.41. Exportar a QuickTime.

En la lista desplegable Exportar, seleccionaremos el tamaño de exportación, en función de dónde lo vayamos a reproducir. Escogeremos una ubicación dónde guardarla. Si los formatos que nos da iMovie, no se ajustan a nuestras necesidades podremos personalizarlos. Para ello haremos clic en el botón **Opciones...**, Seleccionaremos los ajustes que más se adecuen a lo que queremos, haremos clic en OK, y a continuación en el botón **Guardar**.

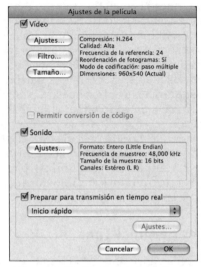

Figura 7.42. Ajustes de la película.

iDVD

Una vez que hemos grabado el vídeo o hecho las fotos de los lugares o situaciones que queremos recordar viene la mejor parte, copiar todo esto en un DVD para poder visualizarlo desde cualquier lector de DVD o simplemente desde el ordenador.

8.1. A simple vista

A continuación veremos la interfaz de iDVD y analizaremos qué vamos a poder hacer desde cada parte:

Figura 8.1. La interfaz de iDVD.

1. **Personalizar**: Desde esta zona podemos configurar casi todo lo relativo al DVD que vamos a crear. Desde la opción **Temas** seleccionamos el tema que más nos guste entre los que iDVD nos muestra para la creación de los menús. En la opción **Botones** podemos especificar los botones, viñetas del menú de nuestro DVD. En **Multimedia** podemos seleccionar e insertar en el proyecto las películas, imágenes o música que queramos incluir en nuestro DVD

Figura 8.2. Personalizar Temas.

2. **Zona de arrastre**: Desde esta área podemos visualizar el proyecto, e incorporar elementos al mismo, como películas, pases de diapositivas o carpetas. También podemos modificar el texto de los menús con tan sólo hacer dos veces clic sobre el texto correspondiente (véase la figura 8.3).
3. **Botones izquierdos**: Aquí encontramos los botones para poder realizar el proyecto. Mediante el botón **Añadir**, navegaremos hasta el contenido que deseamos insertar. El botón **Inspector** muestra la ventana del inspector. **Visualización del Mapa** nos muestra el mapa de navegación del DVD. Con el botón **Animación** podremos visualizar el menú con el tema escogido. Con botón **Zonas de arrastre** accederemos al editor de zonas de arrastre (figura 8.4).

Figura 8.3. Zona de arrastre.

Figura 8.4. Botones.

4. **Regulador del volumen**: Desde él ajustaremos el volumen del sonido del equipo mientras trabajamos con iDVD.

Figura 8.5. Regulador de volumen.

5. **Botones derechos**: **Previsualizar** nos permite visualizar el contenido del DVD como si se estuviera reproduciendo desde un reproductor de DVD cualquiera. Con el botón **Grabar** grabaremos nuestro proyecto en un DVD.

Figura 8.6. Botones derechos.

8.2. Crear un nuevo proyecto

Ahora veremos más en detalle este apartado, desde aquí podremos crear, configurar y terminar todo nuestro proyecto.

Una vez tengamos la música, las películas y las fotografías en el formato correcto y en ubicaciones a las que pueda acceder fácilmente, ya podemos comenzar a crear nuestro DVD. Nada más abrir iDVD nos aparece una pantalla con varias opciones (Crear un nuevo proyecto, Abrir un proyecto existente, Magic iDVD y OneStep DVD), nosotros haremos clic en el botón **Crear un proyecto nuevo**, seleccionamos la ubicación en la que lo queremos guardar, le damos un nombre a nuestro proyecto y hacemos clic en el botón **Crear**.

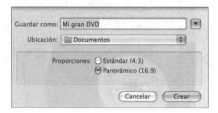

Figura 8.7. Creando un nuevo proyecto.

Al crear un nuevo proyecto debemos escoger un tema para los menús. Para seleccionar un tema para el menú DVD, haremos clic en el botón **Temas** situado en la parte inferior de la ventana de iDVD. El panel Temas se abre en la parte derecha de la ventana de iDVD, en el menú local, seleccionamos el tema que más se ajuste a lo que nosotros queremos para nuestro proyecto.

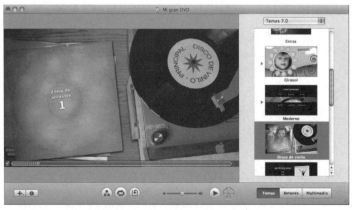

Figura 8.8. Seleccionando un Tema.

8.3. Añadir una película a nuestro proyecto

Una vez seleccionado el tema, el siguiente paso que debemos seguir es añadir el contenido que queremos que tenga nuestro DVD, bien una o varias películas u otros contenidos.

Para añadir una película haremos clic en el botón **Multimedia** y después en **Películas** de la parte superior del panel Multimedia. Seleccionaremos la carpeta en la que tenemos la película/s que queremos incluir. Una vez localizada arrastraremos la miniatura de una película al fondo del menú, en el lado izquierdo de la ventana de iDVD (cuando pueda soltar la película, verá un círculo verde con el signo +). Al soltar la película aparecerá en el menú un botón con el mismo nombre que la película que hemos añadido.

Figura 8.9. Incluyendo una película a nuestro proyecto.

Nota: *Para cambiar el título del clip que acabamos de incluir, haremos doble clic sobre el título de la película y nos aparecerá el editor. También podemos cambiar la tipografía, el estilo y el tamaño de la letra del título.*

Si seleccionamos un grupo de fotografías, iDVD creará un pase de diapositivas y lo asociará a un nuevo elemento de menú. Para añadir un pase de diapositivas haremos clic en el botón **Añadir** de la parte inferior de la ventana de iDVD y seleccionaremos la opción Añadir pase de diapositivas en el menú local. La ventana de iDVD cambiará automáticamente para mostrar el panel Fotos.

El editor de pases de diapositivas, que se muestra en la imagen siguiente, es una pantalla en blanco en la que se lee Arrastre imágenes aquí. Para incluir las fotografías tan solo tendremos que arrastrar las fotografías de una en una, o en grupos, desde el panel Fotos al editor de pases de diapositivas.

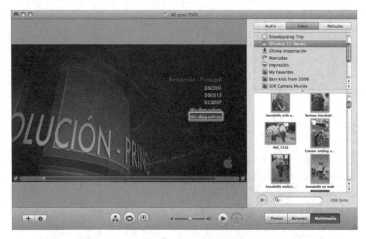

Figura 8.10. Incluyendo un pase de diapositivas a nuestro proyecto.

En la parte central, veremos las fotografías incluidas en el pase y el orden de las mismas. Para cambiar dicho orden basta con seleccionar una fotografía y arrastrarla hasta la posición deseada. En la parte inferior podemos especificar, si deseamos ver la navegación, la duración de cada diapositiva y la transición entre ellas. Para previsualizar la transición, haga clic en el botón de **Previsualización.** En el botón **Ajustes** podremos seleccionar las preferencias de edición:

- Pase de diapositivas en bucle: Si lo que queremos es que el pase de diapositivas se repita constantemente.
- Mostrar flechas de navegación: Si queremos que aparezcan flechas de navegación en el pase de diapositivas, con ellas nos desplazaremos por el pase de diapositivas.

- **Añadir archivos de imagen al DVD-ROM:** Añade copias de las fotos originales a la parte DVD-ROM del disco. Esto permite a los espectadores descargarse copias de sus fotografías y películas en sus ordenadores desde el DVD.
- **Mostrar títulos y comentarios:** Para mostrar el texto del título y de los comentarios situados bajo las imágenes.
- **Atenuar el audio al reproducir películas:** nos configurará el audio.

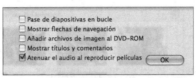

Figura 8.11. Ajustes.

Podemos hacer mucho más atractivo nuestro pase de diapositivas si le añadimos música. Vamos a ver ahora cómo podemos añadir una pista de audio a nuestro pase. Para ello haremos clic en **Audio** de la parte superior del panel Multimedia. En dicho panel aparecerá el contenido de su biblioteca de iTunes, así como cualquier composición que haya creado en GarageBand. Una vez localizada la canción que queremos añadir, la arrastraremos desde la lista de canciones hasta el contenedor de audio del editor de pases de diapositivas (figura 8.11).

Figura 8.12. Seleccionando la música

Figura 8.13. Contenedor de audio.

8.4. Personalización

Ahora veremos un poco más en detalle este apartado, desde aquí podremos configurar y terminar todo nuestro proyecto.

Una vez que seleccionamos el tema, iDVD nos marcó las **Zonas de Arrastre** en el menú para que incluyamos cualquier tipo de contenido, para ello sólo tendremos que activar el editor de zonas de arrastre, haciendo clic en el botón de **Zonas de arrastre**, e incluiremos el contenido que queramos del mismo modo que hemos visto en el apartado anterior.

Figura 8.14. Definiendo zonas de arrastre.

El siguiente paso consiste en definir todo lo relativo al texto, para ello tenemos que volver al menú principal del proyecto, desde aquí podemos seleccionar cualquier título o subtítulo del menú para modificar su posición. Al hacer clic en el texto, aparecen los ajustes básicos para el texto, podremos modificar la tipografía, el estilo y el tamaño de la letra. Pero si pulsamos **Comando-I** abriremos la ventana Información del texto, desde la que podremos cambiar todos los aspectos del texto, incluidos su color y si lleva o no sombreado.

Figura 8.15. Personalizando el texto.

También podemos configurar los botones del menú como nosotros queramos y eso es lo que vamos a aprender a continuación. Para editar el texto de los botones haremos doble clic en el botón de la película para resaltar el texto. Aparece de nuevo el editor local (imagen inferior), tal y como hemos visto cuando hemos modificado el título de nuestro proyecto. Repetimos todos los pasos anteriores para configurarlo como nosotros queramos.

Para cambiar la forma de los botones haremos clic en uno de los botones y, a continuación, seleccionamos Edición>Seleccionar todos los botones. A continuación haremos clic en el botón **Botones** para abrir el panel Botones y seleccionamos una de las formas de botón. Si pulsamos **Comando-I** abriremos la ventana Información del botón. Y podremos configurar los botones a nuestro gusto, cambiándoles el tamaño, la forma, si seleccionamos la opción Posicionamiento libre podremos mover los botones por el menú.

Figura 8.16. Cambiando el aspecto a los botones.

8.5. Visualización del mapa

A veces nuestros proyectos son tan complejos, que es imposible hacernos una idea de cómo va a quedar, a través de esta opción podemos tener una visión general de su proyecto. Para pasar a la visualización del mapa haremos clic en el botón **Mapa**.

Figura 8.17. Visualización del mapa.

8.6. Previsualización

iDVD nos ofrece la posibilidad de comprobar el funcionamiento de cada uno de los botones y menús del DVD antes de grabarlo. Mediante una ventana que simula el mando a distancia de un reproductor DVD de sobremesa podemos navegar por el contenido que hemos ido creando, de esta forma, nos aseguramos de que al grabar el DVD todo está como queremos. El resultado lo veremos en la ventana de visualización. También podemos modificar el nivel del volumen de reproducción de audio, tal como se ilustra en la figura 8.18 en la siguiente página.

8.7. Preferencias de iDVD

En las preferencias de iDVD podemos definir los parámetros necesarios para iDVD. En **General** podemos definir los ajustes del proyecto (como mostrar las zonas de arrastre en los menús, el logotipo de Apple o si queremos disminuir el volumen gradualmente al final del bucle del menú), así como que queremos hacer cuando cambiemos de tema, bien usar los valores por omisión conservar los cambios. También podremos buscar actualizaciones de iDVD automáticamente Véase la figura 8.19

Figura 8.18. Previsualización.

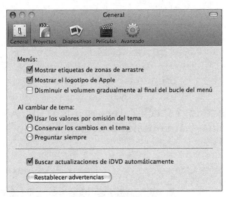

Figura 8.19. General.

En **Proyectos** podemos definir las características que deseamos para nuestro DVD, el modo de vídeo, la codificación y el tipo de DVD.

En la preferencia **Diapositivas** podemos especificar si deseamos o no añadir siempre las fotografías al DVD y también si deseamos ajustar el tamaño de las diapositivas al área de la televisión.

En **Películas** podemos especificar lo que deseamos que iDVD haga al realizar la importación, es decir, si deseamos crear un submenú de capítulo, si no lo queremos o si preferimos que nos lo pregunte.

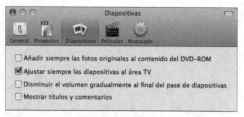

Figura 8.20. Preferencias de diapositivas.

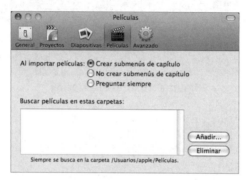

Figura 8.21. Películas.

En Avanzado, especificaremos dónde tiene que buscar iDVD los temas para nuestro proyecto y la velocidad de grabación en DVD.

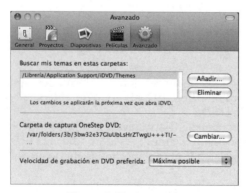

Figura 8.22. Avanzado.

8.8. Grabación del DVD

Una vez que hayamos terminado el proyecto y comprobado, mediante la previsualización del mismo, que todo es correcto, podemos grabar en DVD nuestro proyecto. Hay que tener en cuenta que iDVD debe codificar las películas incorporadas antes de grabar el DVD, para este proceso tarda en codificar un minuto de película unos dos o tres minutos dependiendo del ordenador (o *Hardware*) que tengamos.

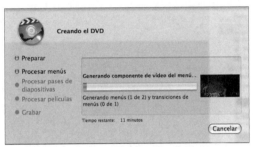

Figura 8.23. Codificación de vídeo.

iDVD puede grabar en discos DVD-R, DVD-RW, DVD+R, DVD+RW y DVD+R DL (doble capa). Si está utilizando la unidad SuperDrive del ordenador, asegúrese de que puede grabar discos en el formato que haya seleccionado.

Con el proyecto finalizado abierto en iDVD, haga clic en el botón **Grabar** para indicar que está listo para grabar.

9. iCal, Agenda e iSync

Estas tres aplicaciones forman la base para mantener una organización perfecta de nuestros eventos, tareas y contactos. Con iCal no tendremos excusa para que se nos olvide el cumpleaños de nuestros padres o las reuniones, ya que nos avisará siempre que queramos y de diferentes formas de todo lo que tenemos que hacer. La Agenda mantiene organizados todos nuestros contactos y nos facilita mucho las cosas debido a su perfecta integración con el resto de aplicaciones, como ya hemos podido ir comprobando en capítulos anteriores. iSync es la combinación perfecta, ya que nos permite sincronizar todo lo anterior en nuestro iPod, teléfono móvil o agenda electrónica.

9.1. iCal

Como ya hemos mencionado, iCal permite mantener una perfecta organización de tareas y eventos, además de ayudarnos a recordar las cosas importantes. También nos permitirá avisar a otras personas de los eventos que queramos.

9.1.1. Preferencias de iCal

Comenzaremos con las preferencias para mostrar todo a nuestro gusto (figura 9.1).

En **General** dentro de **Días por semana** especificaremos cuántos días por semana queremos (5 ó 7), y en **Iniciar la semana el** en qué día comienza la semana. En **El día comienza a las** indicaremos a qué hora queremos que comience y en **El día termina a las** a qué hora queremos que finalice el día; también indicaremos cuántas horas queremos que se muestren en la ventana de iCal. En las casillas de verificación que aparecen indicaremos si deseamos mostrar horas en la visualización por meses, si queremos mostrar el calendario **Cumpleaños** y si finalmente deseamos sincronizar nuestros calendarios con otros ordenadores que usen Mac (esta opción únicamente se podrá activar si en las **Preferencias del sistema** hemos indicado una cuenta Mac), también podremos añadir una alarma a todos los eventos nuevos e invitaciones.

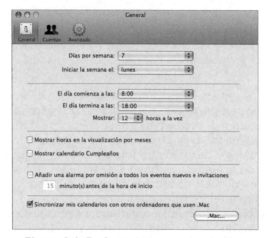

Figura 9.1. Preferencias generales de iCal.

Pulsando sobre las pestaña **Avanzado**, accederemos a las preferencias avanzadas de iCal.

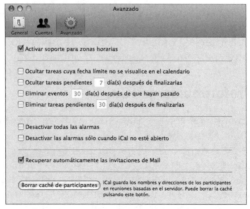

Figura 9.2. Preferencias avanzadas de iCal.

Activaremos la opción **Activar soporte para zonas horarias** si queremos visualizar los eventos en un zona horaria distinta a la definida en nuestro ordenador, esto puede ser muy útil si vamos a ir a un lugar donde la zona horaria sea distinta y queremos ver nuestro calendario en esa zona. A continuación, le indicaremos a iCal cómo debe mantener nuestros eventos y tareas, especificaremos si queremos eliminar los eventos y tareas pendientes después de unos días, si queremos ocultar las tareas cuya fecha límite no se visualiza en el calendario o si queremos ocultar las tareas pendientes un número de días después de finalizadas. También podemos especificar si deseamos desactivar las alarmas si iCal no está abierto y si queremos recuperar automáticamente las invitaciones de Mail.

9.1.2. De un vistazo

Ahora veremos cómo está organizada la interfaz de iCal.

Figura 9.3. La interfaz de iCal.

1. **Hoy**: Mediante este botón iremos directamente a los eventos y tareas que tenemos para el día de hoy.

Figura 9.4. Hoy.

2. **Día, Semana** y **Mes**: Mediante estos botones cambiaremos la vista de la zona de Visualización de eventos.

Figura 9.5. Día, Semana y Mes.

3. **Buscar**: Con el cuadro Buscar realizaremos las búsquedas de eventos simplemente introduciendo un texto.

Figura 9.6. Buscar.

4. **Calendarios**: En esta zona vemos todos los calendarios disponibles. Para visualizar los eventos de un calendario deberá estar activada su casilla de verificación. Para visualizar la información de un calendario sólo tenemos que seleccionarlo. Para cambiar el nombre basta con hacer doble clic sobre él, introducir el nuevo nombre y pulsar la tecla **Intro**.

Figura 9.7. Calendarios.

5. **Minicalendario**: Mediante el Minicalendario podremos navegar por los distintos meses y días de forma que accedamos al día, semana o mes deseado rápidamente. Mediante los botones situados en esta zona retrocederemos o avanzaremos un mes o podremos ir al día actual. Cuando hagamos clic sobre un día en la zona de visualización de eventos veremos todos los eventos de ese día, semana o mes dependiendo de la vista que esté seleccionada.

Figura 9.8. Minicalendario.

6. **Visualización eventos**: En esta zona veremos los eventos en función de distintas vistas. Podemos visualizar los eventos por días, por semanas o por meses. Para seleccionar un evento y acceder a su información solamente tendremos que hacer clic sobre él. Los eventos que se ven en la parte superior son eventos que ocupan un día completo, o lo que es lo mismo, no tienen una hora específica.

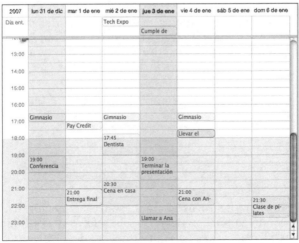

Figura 9.9. Visualización de eventos por semana.

7. **Tareas pendientes**: Veremos la lista de las tareas pendientes que tengamos. Si la casilla de verificación de una tarea está marcada significa que la tarea ha sido completada.

Figura 9.10. Tareas pendientes.

8. **Resultados búsqueda**: En esta zona visualizamos los eventos resultados de una búsqueda, si no hay búsqueda (porque no se ha escrito ningún texto para buscar) veremos todos los eventos.

Figura 9.11. Resultados búsqueda.

9. **Ventana de información**: Esta información irá variando en función del elemento seleccionado. Además, tendremos acceso a la información del elemento y podremos modificarla.

Figura 9.12. Ventana de información.

10. **Botones inferiores**: Con el botón [+] crearemos un nuevo calendario, mediante el botón **Minicalendario** [▦] mostraremos u ocultaremos la zona de Minicalendario, mediante el botón **Notificaciones** [↧] mostraremos u ocultaremos la zona de notificaciones y con el botón **Chincheta** [📌] visualizaremos u ocultaremos la zona de Tareas pendientes.

9.1.3. Paso a paso

Una vez que ya sabemos para qué sirve cada zona de la interfaz de iCal veamos lo que podemos hacer con cada elemento y algunos detalles más que no hemos visto en el apartado anterior.

Los calendarios

La herramienta iCal nos permite crear tantos calendarios como queramos, a cada uno de estos calendarios se le asignará un color diferente, de forma que se puedan localizar a simple vista los eventos de un calendario determinado, ya que los eventos tendrán el mismo color que el calendario al que pertenezcan. Con la casilla de verificación de cada calendario indicaremos a la aplicación si queremos visualizar o no los eventos del mismo.

Para añadir un nuevo evento sólo tenemos que hacer doble clic sobre la zona blanca de Calendarios o en Archivo>Nuevo evento, escribiremos un nuevo nombre para el calendario y pulsaremos la tecla **Intro**.

iCal nos permite tener distintos tipos de calendarios, calendarios propios, calendarios propios publicados (aparecen con el icono 📶) y calendarios que no son propios sino compartidos, denominados calendarios de suscripción (tienen el icono 🔁). Si un calendario aparece con el icono ✳ significa que está sincronizándose.

Cada tipo de calendario tiene una información distinta, para modificar la información de un calendario lo seleccionaremos y aparecerá en la ventana de información. Los que son propios sólo tienen un nombre, una descripción y un color. Los que son propios publicados tienen la misma información que los propios y además nos indican dónde se encuentra publicado. Si la publicación es automática se refleja qué elementos del calendario son publicados y la fecha y hora de la última actualización.

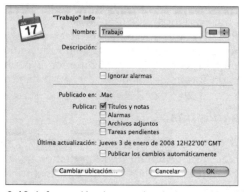

Figura 9.13. Información de un calendario propio publicado.

Por último, los calendarios de suscripción contienen la misma información que los propios y además la URL dónde se encuentra publicado. Si la actualización es automática se indican los elementos que no queremos sincronizar y la fecha de la última actualización.

Publicar un calendario

Publicar un calendario consiste en dejarlo en un sitio web de forma que nuestros conocidos puedan verlo o, incluso, descargarlo para incorporarlo a su propio iCal. Para publicar un calendario lo seleccionaremos e iremos al menú Calendario>Publicar..., y aparecerá un cuadro en el que indicaremos el nombre público que queremos darle, si deseamos publicar los cambios automáticamente, los elementos que queremos publicar y dónde queremos publicarlo (en .Mac o en un servidor webDAV).

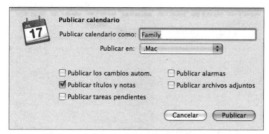

Figura 9.14. Publicar un calendario.

Una vez que tengamos especificados los parámetros haremos clic sobre el botón **Publicar**, en ese momento iCal sincronizará nuestro calendario para que otras personas tengan acceso. Una vez que se haya terminado la publicación, iCal nos avisará indicándonos que ha finalizado y nos dará las direcciones para que nuestros contactos puedan acceder a él. Haciendo clic en el botón **Visitar página** iremos a la página donde se visualiza nuestro calendario, haciendo clic en el botón **Enviar mensaje** iCal incluirá la dirección del calendario en un correo electrónico para poder enviarlo a la gente.

Si hemos publicado nuestro calendario en un servidor WebDAV la gente no podrá acceder a él mediante un navegador, pero sí podrá configurarlo para suscribirse al mismo y que quede registrado en su propio iCal.

Suscripción a otros calendarios

Podemos suscribirnos a calendarios de otras personas; si alguno de nuestros conocidos ha publicado un calendario podremos suscribirnos al mismo. Lo primero es conocer la dirección del servidor donde se encuentra alojado, a continuación iremos al menú Calendario>Suscribirse..., en el campo dirección introduciremos la dirección facilitada por el propietario del calendario.

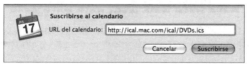

Figura 9.15. Suscripción a un calendario.

En la siguiente ventana decidiremos cada cuánto tiempo queremos actualizarlo y si queremos que se sincronicen las alarmas y las tareas pendientes

Figura 9.16. Personalización de suscripción.

También nos podemos suscribir a otros calendarios, haciendo clic sobre Calendario>Buscar calendarios compartidos... accederemos a una página donde podremos encontrar distintos calendarios que contienen eventos sobre películas, DVD o deportes, basta con hacer clic sobre el deseado y automáticamente iCal mostrará el cuadro de suscripción con los campos rellenados.

Los eventos

Antes de hablar de las posibles operaciones sobre los eventos, veamos un poco las distintas vistas de su zona de visualización. Como ya hemos comentado, tenemos tres posibles vistas para visualizar estos eventos.

La vista por **Día** nos muestra los eventos del día seleccionado, esta vista es la más cómoda para el control de estos, ya que nos muestra hora a hora los distintos eventos. Además éstos pueden moverse a una hora determinada con bastante facilidad dado que en esta vista vemos las horas. Para ello basta con hacer clic sobre uno de ellos y arrástrelo hasta la hora deseada (véase la figura 9.17).

La vista por **Semana**, como ya hemos visto antes, muestra todos los eventos de la semana seleccionada. Se trata de una vista muy cómoda para organizar la semana, ya que, en una sola ventana, disponemos de toda la información pudiendo ver qué momentos nos quedan libres.

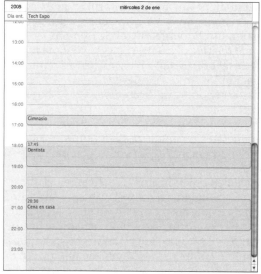

Figura 9.17. Visualización de eventos por día.

Por último, con la vista por **Mes** nos haremos una idea de lo cargado que tenemos el mismo. Esta vista no es que sea muy cómoda para el control de eventos, pero sí que nos permite modificar con facilidad el día de un evento, basta con seleccionarlo y arrastrarlo hasta el día en el que tendrá lugar.

Para añadir un nuevo evento debemos seleccionar un calendario y haciendo clic en la visualización de eventos arrastraremos el ratón al día y hora en el que deseemos que empiece y después hasta la hora a la que deseamos que termine. Introduciremos un nombre para el evento y pulsaremos la tecla **Intro**.

Figura 9.18. Información de un evento.

Un evento tiene mucha más información y opciones que el nombre, el día y la hora. Para acceder a la información de un evento haremos clic sobre él y en la ventana de información aparecerá la relativa al evento. En esta ventana indicaremos si el evento dura todo el día, o bien, el día y la hora de comienzo y finalización. Si en las preferencias de iCal activamos la opción de zona horaria, indicaremos la zona horaria en la que se encuentra éste.

Podemos asociar participantes a un evento, para añadirlo haremos clic sobre Añadir participantes y escribiremos el nombre de la/s persona/s a la/s que queremos hacer partícipes del evento.

En Ubicación especificaremos el lugar en el que tenemos el evento. En Repetir indicaremos si el evento se repite cada día, cada semana, cada mes, cada año o si no se repite; también podremos personalizar las repeticiones, por ejemplo, cada dos semanas. Para ello seleccionaremos Personalizado y especificaremos nuestra preferencia de repetición. En Alarma indicaremos a iCal si queremos que nos avise del evento, pudiendo aparecer un mensaje en pantalla con sonido o sin él, o enviándonos un correo electrónico o abriendo un archivo; también podemos indicar con cuánto tiempo queremos que nos avise. Asimismo, podemos añadir varias alarmas a un evento. Otra información del evento es el calendario al que pertenece y si tiene asociada alguna URL. Una de las novedades es que ahora podemos añadir archivos (fotos, vídeos o cualquier tipo de documentos) a los eventos. Por último, si se han indicado participantes podremos enviarle un mail con la invitación o una actualización a una invitación enviada con tan sólo pulsar sobre el botón **Enviar** situado en la parte inferior.

Las tareas

Las tareas son una especie de eventos pero que no tienen por qué darse en un momento específico. Para añadir una nueva tarea haremos doble clic sobre la zona blanca del listado de tareas pendientes, escribiremos un nombre y pulsaremos la tecla Intro.

La casilla de verificación de cada tarea nos sirve para indicar si la tarea está finalizada o no. Si en lugar de una casilla de verificación aparece una exclamación, iCal nos está indicando que la tarea se ha pasado de plazo y que aún no la hemos finalizado.

En el listado de tareas pendientes también visualizaremos la prioridad de las tareas, cada tarea tiene al lado tres barras, si las tres están encendidas significa que la tarea es muy importante, si tienen dos es importante, si tienen una es poco importante y si no tiene ninguna es porque no se ha especificado la prioridad de la tarea.

Figura 9.19. Información de una tarea.

Las tareas también disponen de su propia información, activaremos la casilla **concluida** si la tarea ha sido completada, en **prioridad** especificaremos la prioridad de la tarea. Si la tarea tiene fecha límite de finalización, marcaremos la casilla **fecha límite** e indicaremos la fecha, en este caso iCal nos dirá el tiempo que nos queda hasta la fecha límite. En **calendario** escogeremos el calendario al que pertenece, en **nota** podemos incluir cualquier comentario y en **URL** escribiremos alguna dirección en el caso de que deseemos asociar una página web a la misma.

9.2. Agenda

La agenda nos permite tener organizados nuestros contactos y además es el eje central para el resto de aplicaciones de Mac OS X Leopard.

9.2.1. Preferencias de la Agenda

A continuación vamos a ver las preferencias de la Agenda paso a paso, de forma que podamos configurarla a según nuestras necesidades.

- **General**: Desde aquí escogeremos un método de visualización para los nombres de los contactos (Antes de los apellidos o Después de los apellidos) y un método de ordenación. En Formato de dirección escogeremos el país en el que estamos e introduciremos la dirección de los contactos en ese formato; más adelante veremos para qué es útil esto. Activando la opción Notificar a mis contactos cuando mi tarjeta cambie la Agenda notificará a todos nuestros contactos siempre que modifiquemos algún dato de nuestra tarjeta. Si hemos creado una cuenta .Mac podremos activar la opción Sincronizar mis contactos con otros ordenadores mediante .Mac. Si queremos sincronizar, de vez en cuando, nuestros contactos con Exchange activaremos la opción Sincronizar con Exchange y haremos clic sobre el botón **Configurar** para configurar la sincronización, también podemos sincronizar nuestros contactos con Yahoo!

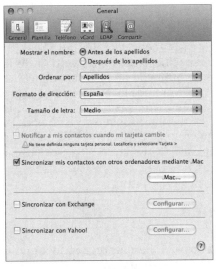

Figura 9.20. General.

- **Plantilla**: Esta plantilla será utilizada por todos los contactos de la agenda. Desde aquí podremos añadir nuevos campos, para ello basta con seleccionar uno de la lista Añadir campo. Puede ser que el campo añadido tenga distintas clases, por ejemplo teléfono: puede ser de casa, del trabajo, móvil, etc. Haciendo clic sobre la clase del campo (que aparece en negrita) podremos ver si dispone de varias clases y seleccionar la que queramos. Con los botones ⊕ y ⊖ podremos añadir y quitar campos, dejando una plantilla a nuestro gusto.

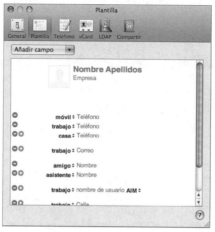

Figura 9.21. Plantilla.

- **Teléfono**: En teléfono especificaremos el formato en el que queremos que aparezcan los números de teléfono, esto es mucho mejor que tener que formatearlos nosotros a mano en los distintos contactos. Seleccionando **Personalizar...**, definiremos un formato para los números de teléfono o seleccionaremos uno de los que ya dispongamos.

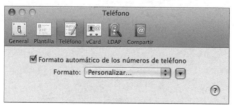

Figura 9.22. Teléfono.

- **vCard**: Escogeremos el formato vCard e indicaremos a la Agenda si queremos hacer que algunos campos de nuestra tarjeta sean privados. Si seleccionamos la opción Activar tarjeta personal privada, entonces algunos datos de mi tarjeta serán privados. Para seleccionar los que queremos hacer públicos seleccionaremos nuestra tarjeta y haremos clic sobre el botón **Editar**, al lado de cada campo hay una casilla de verificación, si está marcada significa que el campo es público. Desde aquí también especificaremos si queremos exportar las notas y fotos a vCards.

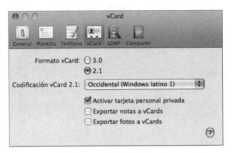

Figura 9.23. vCard.

- LDAP: Podemos configurar la Agenda para que busque direcciones en servidores LDAP (LDAP es un protocolo usado por los programas de correo electrónico para buscar información de contacto en servidores). Para añadir un directorio de red haremos clic sobre el botón +, en el cuadro de diálogo debemos especificar los parámetros de configuración de LDAP (estos parámetros serán facilitados por el servidor LDAP o por el administrador del sistema). Una vez configurado haremos clic sobre el botón **Guardar**.

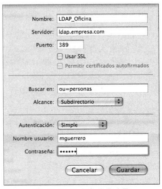

Figura 9.24. LDAP.

- **Compartir**: Podemos compartir nuestra agenda con usuarios de .Mac. Para compartir la agenda activaremos la opción **Compartir mi Agenda** y a continuación podremos añadir contactos con tan sólo pulsar el botón + y seleccionar el contacto a añadir. Cuando tengamos los contactos con los que deseamos compartir la agenda podremos activar la opción **Permitir edición**, de forma que el contacto para el que se activa pueda escribir en nuestra agenda.

Figura 9.25. Compartir.

9.2.2. A simple vista

La interfaz de Agenda es muy sencilla, además, ya hemos ido viendo bastantes opciones de la Agenda en capítulos anteriores, por lo que no será muy complicado manejarnos dentro de esta aplicación (véase la figura 9.26).

1. **Botones de vista**: Mediante estos botones cambiaremos la vista de la Agenda. Con el primer botón seleccionaremos la vista por columnas (además de la tarjeta veremos grupos y contactos), mientras que con el segundo únicamente veremos la tarjeta del contacto seleccionado (figura 9.27).
2. **Búsqueda**: Introduciendo un texto en esta zona la Agenda nos buscará todos los contactos que contengan ese texto en cualquiera de sus campos (figura 9.28).
3. **Grupos**: Aquí tenemos el listado de grupos. El grupo **Todo** contiene todos los contactos. El grupo **Directorio** contiene los contactos del servidor LDAP indicado en las preferencias.

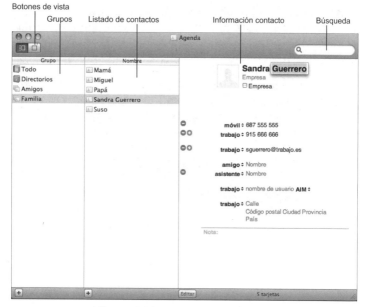

Figura 9.26. Interfaz de la agenda.

Figura 9.27. Botones de vista.

Figura 9.28. Búsqueda.

Los grupos que aparecen son los que hayamos creado nosotros, de este modo todo está mejor organizado, ya que lo idóneo es tener separados los contactos según los criterios que creamos convenientes. Para añadir un nuevo grupo haremos clic en el botón +. Para añadir contactos al grupo únicamente debemos seleccionarlos del listado de contactos y arrastrarlos hasta el grupo (véase la figura 9.29).

4. **Listado de contactos**: En función del grupo seleccionado veremos los contactos contenidos en ese grupo. Para añadir un nuevo contacto haremos clic sobre el botón +, auto-

máticamente se creará un nuevo contacto con la plantilla definida en las preferencias (figura 9.30).

Figura 9.29. Grupos.

Figura 9.30. Listado de contactos.

5. **Información contacto**: En esta ventana veremos la información del contacto seleccionado.

Figura 9.31. Información contacto.

9.2.3. Un poco más a fondo

Una vez que nos hemos familiarizado con la interfaz de la Agenda, vamos a ver un poco más a fondo lo que podemos llegar a hacer con esta maravilla de aplicación.

Edición de contactos

Para editar un contacto basta con que hagamos clic sobre el botón **Editar** que aparece en la ventana de información. Entonces en esta misma ventana, podremos modificar los campos del contacto (véase la figura 9.32).

Para modificar la información de un campo, simplemente debemos hacer clic sobre él, escribir la nueva información y pulsar la tecla **Intro**. Podría ser que las clases que contienen algún campo no sean suficientemente significativas o, simplemente, que no encontremos la que queremos. La Agenda nos permite personalizarlas, para ello tan sólo debemos hacer clic sobre el nombre del campo o clase y en el menú que aparece seleccionar Personalizar…, aparecerá una nueva ventana en la que introduciremos un nuevo nombre para la clase y haremos clic sobre el botón **OK**.

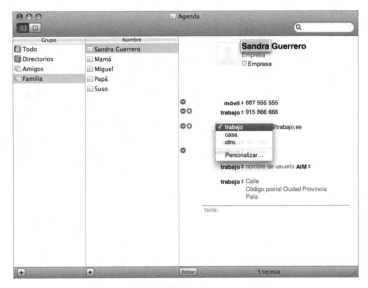

Figura 9.32. Edición de un contacto.

Desde aquí, al igual que hacíamos con la plantilla podemos añadir o quitar campos, para ello utilizaremos los botones + y -. Al añadir un nuevo campo, debemos seleccionar la clase y escribir el valor correspondiente.

Qué puedo hacer desde la ventana de información

La ventana de información no es una simple ventana para visualizar datos, desde aquí podremos realizar algunas funciones realmente útiles.

Localizar una dirección

En algunas ocasiones puede sucedernos que hemos quedado con alguien en un lugar y no tenemos ni la más remota idea de dónde se encuentra esa calle. La Agenda nos resuelve este problema de una manera realmente sencilla. Poniendo el ratón encima del campo de dirección éste se pondrá en color gris, haciendo clic sobre él accederemos a un menú y si seleccionamos Ver mapa se abrirá un navegador mostrándonos un mapa desde el que podremos ver dónde hemos quedado. También se puede acceder mediante el botón **Acción** y seleccionando la opción Mostrar mapa de esta dirección (véase la figura 9.33).

Figura 9.33. ¿Dónde está una calle?

Importar contactos a la Agenda

Desde la Agenda vamos a poder tanto importar información de nuestros contactos guardada, como exportarla desde otras aplicaciones en los formatos vCard, LDIF, así como información delimitada por tabuladores o separada por comas (CSV).

En este apartado veremos cómo podemos importar la información de nuestros contactos, para luego poder utilizar con otras aplicaciones.

En la Agenda, seleccionaremos Archivo>Importar y, a continuación, elegimos el formato del archivo exportado. En el caso de que nuestro archivo sea CSV, seleccionaremos la opción Archivo de texto.

Seleccione el archivo que contiene las direcciones exportadas y haga clic en **Abrir** (véase la figura 9.34).

Si vamos a importar un archivo de texto, debemos utilizar los menús locales del cuadro de diálogo Importación de archivo de texto, para indicar cómo queremos importar los datos. Marcaremos la casilla Ignorar la primera tarjeta, cuando el primer registro contenga etiquetas en lugar de información de contacto.

Si la aplicación desde la que exportamos los contactos nos permite exportar vCards que incluyan varios contactos, es lo más recomendable, ya que nos permitirá agilizar el proceso de importación (figura 9.35).

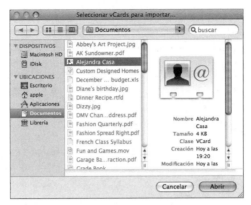

Figura 9.34. Comenzando con la importación.

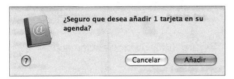

Figura 9.35. Importando.

Si queremos saber cuáles han sido los últimos contactos que hemos importado, tan solo tendremos que hacer clic en Ult. importación en la columna Grupo. Esta lista se actualiza cada vez que importa contactos.

Sincronizar la Agenda entre distintos ordenadores

Lo, primero que necesitamos para poder sincronizar nuestra agenda es tener una cuenta .Mac, ya vimos como configurarla.

> **Nota**: *Para sincronizar la agenda tenemos que seguir el procedimiento en todos los equipos en los que queremos sincronizar.*

Lo primero, iremos a las Preferencias de la Agenda y en General, seleccionaremos la opción Sincronizar mis contactos con otros ordenadores mediante .Mac. En el panel de preferencias .Mac, que se abrirá pulsando el botón **.Mac**, haremos clic en **Sincronizar** y seleccionaremos la opción Sincronizar con .Mac.

Podemos configurar la frecuencia con la que queremos sincronizar nuestra agenda. Seleccionamos la opción Contactos en la lista y pulsamos sobre **Sincronizar ahora**.

Figura 9.36. Sincronización con .Mac.

Figura 9.37. Sincronizando.

Agenda en Dashboard

Dashboard es una herramienta que nos permite acceder de forma instantánea a nuestra agenda desde cualquier aplicación que estemos utilizando, para ello basta con pulsar la tecla **F12** en el teclado.

Figura 9.38. Agenda en Dashboard.

Para movernos en la agenda utilizaremos las teclas izquierda y derecha y para realizar una búsqueda utilizaremos el campo de búsqueda de la esquina inferior derecha para localizar direcciones específicas. Pulsando el botón rojo abriremos la aplicación Agenda.

9.3. iSync

iSync es la herramienta perfecta para sincronizar nuestros contactos y eventos en distintos dispositivos, en .Mac, en un teléfono móvil, en un iPod o en una PDA.

9.3.1. La zona de dispositivos

En esta zona se encuentran todos los dispositivos con los que podremos sincronizar nuestros datos. Haciendo clic sobre un dispositivo lo seleccionaremos de forma que podamos configurar las opciones de sincronización (figura 9.39).

En esta zona también se encuentra el botón **Sincronizar**, al pulsar sobre este botón iSync sincronizará el dispositivo seleccionado con las opciones de sincronización seleccionadas.

Figura 9.39. Zona de dispositivos.

Configuración de Bluetooth

Para otras operaciones necesitamos un hardware en el ordenador para conexiones *Bluetooth*, así como un móvil que tenga *Bluetooth*. En este apartado veremos cómo configurar el teléfono móvil para que luego lo podamos utilizar con otras aplicaciones, como la Agenda o iSync. En la parte derecha de la barra de menús podemos ver un icono de conexión Bluetooth, desde aquí podemos acceder a configurarlo, para ello haremos clic sobre él y seleccionaremos Configurar dispositivo Bluetooth.

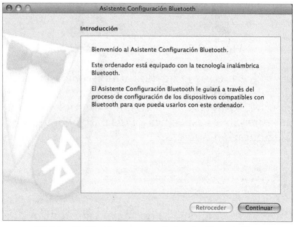

Figura 9.40. Comenzando la configuración.

Se abrirá el asistente para la configuración. En la primera ventana nos da la bienvenida y para seguir haremos clic sobre el botón **Continuar**. A continuación nos pide que seleccionemos el tipo de dispositivo a configurar, marcaremos la opción Teléfono móvil y haremos clic sobre **Continuar** (figura 9.41).

El asistente se pondrá a buscar el dispositivo y cuando lo encuentre lo mostrará en una lista, lo seleccionamos y haremos clic sobre **Continuar**. A continuación nos mostrará una clave, la cual debemos introducir de nuevo en el teléfono móvil cuando se vayan a conectar (figura 9.42).

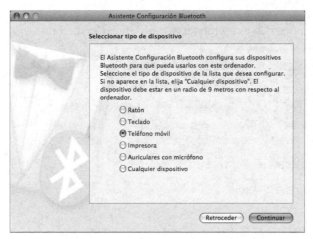

Figura 9.41. Indicar el dispositivo.

Figura 9.42. Solicitud de clave.

Ahora debemos indicar los servicios que queremos usar con el teléfono que estamos enlazando. Seleccionaremos Configurar iSync para transferir contactos y eventos si queremos que iSync nos sincronice con el móvil los contactos de la Agenda y los eventos de iCal. Si esta opción aparece desactiva es porque el teléfono no es compatible con iSync. Activaremos Acceder a Internet mediante la conexión de datos del teléfono si queremos utilizar nuestro teléfono como módem, aquí indicaremos si queremos conectarnos a través de una conexión de acceso telefónico o si queremos usar una conexión de datos.

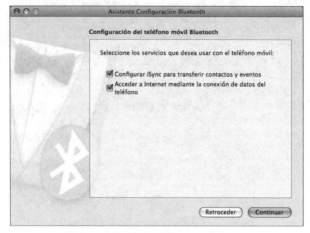

Figura 9.43. Selección de servicios.

Cuando la configuración se encuentre realizada el asistente nos avisará. Para finalizar el proceso, haremos clic sobre el botón **Salir**.

9.3.2. La primera sincronización

En el teléfono móvil debemos escoger entre las dos opciones posibles:

- **Combinar datos en equipo y disp**: Mediante esta opción combinaremos la base de datos de nuestro Mac y la del teléfono móvil. Al combinar las dos bases de datos pueden surgir conflictos que debemos arreglar manualmente.
- **Borrar datos en dispositivo y sincronizar**: Mediante esta opción borraremos todos los datos que tengamos en el teléfono y sincronizaremos desde cero todos los datos del ordenador.

9.3.3. Configurar los dispositivos

A continuación veremos cómo configurar los dispositivos para sincronizarlos de forma correcta.

.Mac

A partir de la versión anterior ya no se debe sincronizar la información entre ordenadores mediante iSync, para hacerlo debemos utilizar el panel .Mac de las Preferencias del Sistema.

Teléfono móvil

Si queremos seleccionar los contactos activaremos la opción **Contactos**. Dentro de esta opción debemos indicar si queremos sincronizar todos los contactos o un grupo determinado de ellos. Puesto que el móvil no tiene una gran capacidad de almacenamiento es conveniente crearse un grupo específico para los contactos del móvil, y así sincronizar sólo los que queremos, sobre todo si la agenda de nuestro equipo es muy grande. También es recomendable activar la opción **Sincronizar sólo los contactos que tengan teléfono**, a no ser que también utilicemos nuestro móvil para enviar correos electrónicos.

Figura 9.44. Sincronización en un teléfono móvil.

Si queremos sincronizar nuestros calendarios activaremos la opción **Calendarios**. Dentro de esta opción escogeremos si queremos seleccionar todos los calendarios creados o únicamente alguno, marcando los que queremos. Además, indicaremos en qué calendario queremos poner los eventos que han sido creados en el móvil y cuántas semanas queremos sincronizar.

iPod

Podemos sincronizar nuestros contactos y eventos en el iPod. En la ventana de configuración escogeremos si queremos sincronizar los contactos (todos o los de un grupo) y los calendarios (todos o sólo los seleccionados).

Figura 9.45. Sincronización con el iPod.

9.3.4. Sincronización

Una vez tengamos el dispositivo correspondiente configurado podremos proceder con la sincronización del mismo, para ello únicamente debemos hacer clic sobre el botón **Sincronizar**.

Figura 9.46. Sincronizando.

iSync nos avisará de los cambios que va a realizar, si queremos seguir con la sincronización haremos clic sobre le botón **Continuar**.

Algunas aplicaciones y funcionalidades más

En este apéndice vamos a ver otras aplicaciones incluidas en Mac OS X, así como las funcionalidades que no hemos contado en capítulos anteriores.

A.1. TextEdit

Para ejecutar esta aplicación iremos a la carpeta **Aplicaciones** y haremos doble clic sobre el icono de TextEdit.

TextEdit es el procesador de textos de Apple. Con esta aplicación podremos crear todo tipo de documentos y darles formato. Con TextEdit podremos crear, visualizar y editar documentos de texto que contengan imágenes, películas y otros archivos; visualizar documentos HTML como si fuera un navegador y editar su código; escribir texto en varios idiomas y crear o guardar archivos en texto normal, en RTF y en formato Word.

En este apartado vamos a explicar algunas de las funciones que podemos realizar con esta aplicación (figura A.1).

- **Cambiar la fuente de un texto**: Para cambiar la fuente de un texto seleccionaremos el texto y pulsaremos las teclas **Comando-T** o iremos al menú Formato>Tipo de letra>Mostrar tipos de letra. Se abrirá la ventana de Tipos de letra, desde la que podremos dar formato y aplicar estilo al texto seleccionado; podremos subrayar o tachar el texto, aplicar un color al texto o al fondo, sombrear el texto modificando la dirección o el ángulo de la sombra, y seleccionar una letra y un tamaño.

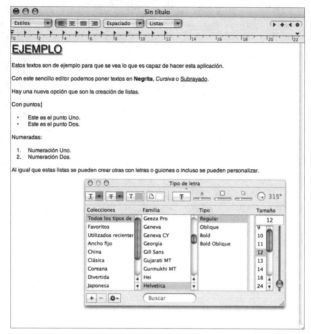

Figura A.1. TextEdit.

Figura A.2. Ventana Tipo de letra.

- **Cómo insertar listas**: Para insertar listas únicamente debemos seleccionar el texto y en la lista desplegable Listas seleccionaremos la opción que deseemos. Podemos crear listas con puntos o guiones, numeradas o con letras. Además TextEdit nos permite personalizar las listas, para lo cual seleccionaremos dentro de esta lista desplegable la opción **Otra...** y configuraremos la lista como queramos.

- **Cómo insertar imágenes en un documento**: Con TextEdit podemos insertar imágenes en nuestro documento para lo cual basta con ir al Finder y arrastrarlas hasta la ventana del documento.
- **Cómo copiar formatos de texto**: Una de las mejores opciones que nos ofrece TextEdit. Supongamos que tenemos un texto con el formato ya aplicado y en otra parte del documento tenemos otro texto al que queremos aplicar el mismo formato sin tener que escoger de nuevo la fuente, estilo, color, etc. Para aplicar el formato a otro párrafo seleccionaremos el texto que tiene el formato que queremos y pulsaremos las teclas **Alt-Comando-C,** o bien, iremos al menú Formato>Tipo de letra>Copiar estilo. A continuación seleccionaremos el texto al que se lo queremos aplicar y pulsaremos las teclas **Alt-Comando-V,** o bien iremos al menú Formato>Letra>Pegar estilo.
- **Cómo copiar formatos de párrafo**: Al igual que en el caso anterior podemos tener un párrafo con un formato que queremos aplicar a otro. Para copiar el formato seleccionaremos el párrafo que tiene el formato que queremos aplicar y pulsaremos las teclas **Control-Comando-C** o bien iremos al menú Formato>Texto>Copiar regla. A continuación seleccionaremos el texto al que se lo queremos aplicar y pulsaremos las teclas **Control-Comando-V** o iremos al menú Formato>Texto>Pegar regla.
- **Cómo ajustar el espacio entre letras**: El espacio entre letras se denomina *kerning* o interletraje. Puede que el espacio entre las letras quede demasiado grande o pequeño. Este procesador de textos nos permite cambiarlo. Para ello seleccionaremos las letras que queramos ajustar e iremos al menú Formato>Tipo de letra>Interletraje>Aumentar para ampliar el espacio y Formato>Tipo de letra>Interletraje>Reducir para hacerlo más pequeño.
- **Compatibilidad con Microsoft Word**: Lo más seguro es que algunas personas con las que queremos compartir documentos no utilicen este procesador y utilicen Word. Eso no es problema, ya que textEdit nos permite guardar los documentos en el formato de Microsoft Word (.doc).

A.2. Dashboard

El Dashboard es una característica de Mac OS X que apareció por primera vez en la versión anterior de Mac OS X, alberga miniaplicaciones denominadas *widgets* que aparecen al instante y nos mantienen al día de la información más útil de Internet (información de cotizaciones, predicciones meteorológicas, vuelos de avión, etc.). Los *widgets* nos agilizarán muchas de las tareas cotidianas.

Pulsando la tecla **F12** veremos el Dashboard y sus *widgets*.

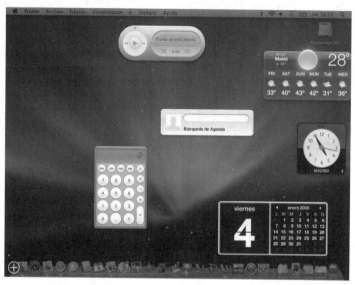

Figura A.3. Dashboard activo.

A.2.1. Añadir widgets

Abrimos el Dashboard, bien desde el Dock, o bien pulsando la tecla **F12**.

Hacemos clic sobre el icono ⊕ para ver la barra de *widgets*. Utilizando los botones de las flechas de la barra nos desplazaremos a través de ella para ver todas las posibles miniaplicaciones que podemos añadir. Basta con pulsar sobre la que deseamos para que automáticamente se añada (figura A.4).

Para cambiar la posición de los *widgets*, arrástrelos.

Figura A.4. Posibles widgets a añadir.

A.2.2. Quitar un widget

Para quitar un *widget* que tengamos instalado, únicamente abriremos la barra de los *widgets* y seleccionaremos la opción Gestionar widgets. Para eliminar un widget de la barra, quitamos la selección de su nombre en la lista. Si lo que queremos es eliminar uno que hayamos instalado nosotros, haremos clic en su botón - y después en **OK**.

Figura A.5. Eliminando un widget.

A.2.3. Descargar e instalar un widget

Abrimos la barra de *widgets* y seleccionamos la opción Gestionar widgets, haremos clic en Más widgets y se abrirá la página web de *widgets* del Dashboard. Una vez hayamos encontrado la miniaplicación que queremos tan sólo bastará con que hagamos clic en **Descargar**. Se abrirá el Instalador de *widgets* y hacemos clic en **Instalar** (figura A.6).
Si queremos conservarlo haremos clic en **Conservar**.

A.2.4. Personalizar un widget

Abrimos Dashboard y desplazaremos el ratón sobre cada *widget*. Los *widgets* que podemos personalizar muestran un pequeño botón de información (**i**) en una esquina. Hacemos clic en el botón Información (**i**) del *widget* que queremos personalizar, para visualizar los ajustes (figura A.7).

A.3. Notas adhesivas

Para ejecutar esta aplicación iremos a la carpeta **Aplicaciones** y haremos doble clic sobre el icono de **Notas Adhesivas**.

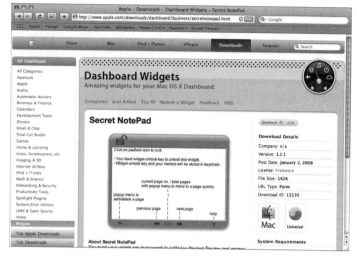

Figura A.6. Instalando un nuevo widget.

Figura A.7. Personalizando un widget.

Las notas adhesivas son al ordenador como los *Post-it* al papel. Podemos usar las notas adhesivas para diferentes fines, como escribir recordatorios, dejar notas a otras personas que usen nuestro equipo o guardar partes de texto que utilicemos con frecuencia.

Las etiquetas las podemos crear con distintos colores y con estilos de texto distinto, incluso podemos añadir imágenes. Lo mejor que nos ofrece esta aplicación es la posibilidad de crear notas seleccionando un texto en otra aplicación de Mac OS X (figura A.8).

A continuación veremos algunas de las cosas que podemos hacer con las notas:

- **Creación de una nueva nota**: Para crear una nota podemos hacerlo de dos formas distintas. La primera consiste en ir al menú Archivo>Nota nueva. En la aplicación Notas adhesivas aparecerá una nueva nota y escribiremos el texto que queremos en la misma. La otra forma es seleccionar un texto desde cualquier aplicación de

Mac OS X e ir al menú que tiene el mismo nombre que la aplicación. Iremos dentro de este menú a Servicio>Crear una nueva nota adhesiva y automáticamente se creará una nota con el texto seleccionado.

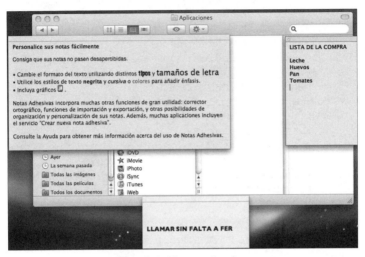

Figura A.8. Notas adhesivas.

- **Cambiar el estilo del texto**: Para cambiar el estilo del texto de una nota seleccionaremos el texto al que le queremos aplicar un nuevo estilo y desde el menú Tipo de letra escogeremos el estilo que queramos aplicarle.
- **Desplazarnos por el texto**: Las notas adhesivas no disponen de una barra de desplazamiento para permitirnos mover a lo largo del texto, por lo que tendremos que utilizar las teclas de **flecha** y las teclas de **Av Pág** y **Re Pág**.
- **Cambiar el color de una nota**: Para modificar el color que tiene una nota tendremos que seleccionarla y, a continuación, ir al menú **Color** y allí seleccionar el color que queramos.
- **Comprobación de ortografía**: Las notas también pueden comprobar la ortografía. Para seleccionar un método de comprobación de ortografía haremos clic mientras mantenemos pulsada la tecla **Control**. En el cuadro flotante que aparecerá, seleccionaremos Ortografía y gramática y, a continuación, el método de comprobación que más nos interese.

- **Mantener una nota encima de las ventanas**: En algunas ocasiones nos interesará que las notas no se oculten detrás de las ventanas, sino que siempre tengamos acceso a ellas. Para que una nota siempre esté por encima de la ventana, seleccionaremos dicha nota e iremos al menú Nota>Ventana flotante.
- **Hacer una nota translúcida**: Puede que nos interese ver lo que hay debajo de las notas, por lo que lo más interesante es que sean translúcidas. Para hacer que una nota sea translúcida seleccionaremos la nota e iremos al menú Nota>Ventana translúcida.
- **Insertar una imagen en una nota**: Para insertar una imagen únicamente debemos arrastrarla desde Finder a la nota que queramos.
- **Imprimir notas**: Para imprimir una única nota iremos al menú Archivo>Imprimir nota activa.... Para imprimir todas las notas que tengamos iremos al menú Archivo>Imprimir todas las notas....

Figura A.9. Imprimir notas.

A.4. Vista Rápida

Con la nueva Vista Rápida en Leopard, podremos ver los contenidos de un archivo sin necesidad de abrirlo. Podremos ojear documentos de varias páginas, reproducir un vídeo a toda pantalla o recorrer las presentaciones de Keynote enteras y con tan sólo un clic.

¿Cuántas veces nos volvemos locos buscando un archivo en el Finder y no tenemos tiempo para abrirlo y ver si contiene lo que estamos buscando? La Vista Rápida nos proporciona una vista previa de los archivos enteros (e incluso de documentos de varias páginas y vídeo) sin necesidad de abrirlos.

Con ella podremos ver prácticamente todos los archivos de nuestro sistema, incluidas imágenes, archivos de texto, PDF, documentos, películas, presentaciones de Keynote, adjuntos de Mail e incluso archivos de Word y de Excel.

Para ver un archivo con Vista Rápida, tan sólo tenemos que hacer clic en el icono del archivo que queremos previsualizar o bien presionar la barra espaciadora. A continuación, haremos clic en el icono de la flecha para ver el mismo archivo a toda pantalla (incluso un vídeo mientras se reproduce).

Figura A.10. Vista Rápida de una imagen.

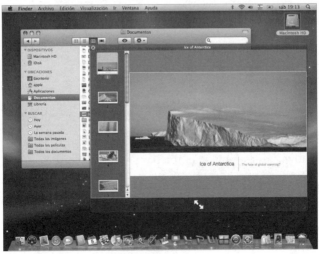

Figura A.11. Vista Rápida de un documento.

Figura A.12. Vista Rápida de un vídeo.

Un UNIX como los demás

Mac OS X es un sistema UNIX como los demás, con lo que ello conlleva. Toda la potencia, robustez y fiabilidad que se le debe exigir a un buen sistema operativo, y si a esto le unimos la sencillez y elegancia de Apple obtenemos este increíble sistema operativo.

B.1. La arquitectura

Mac OS X posee una arquitectura modular que se construye a partir de cuatro componentes básicos: el sistema operativo central Darwin, un conjunto de estructuras de aplicaciones, sistemas de gráficos basados en estándares y la interfaz de usuario Aqua.

- **Aqua**: Es la interfaz de usuario creada por Apple para el Mac OS X; utiliza colores, transparencias y animaciones para aumentar la funcionalidad y la coherencia del sistema y de las aplicaciones.
- **Estructuras**: Incorpora un conjunto de estructuras de aplicaciones que permite trabajar con desarrolladores de diferentes comunidades. Cocoa es un conjunto de estructuras orientadas a objetos diseñado para agilizar el desarrollo de aplicaciones, ya que permite añadir potentes interfaces de usuario gráficas de Aqua al software UNIX existente y crear aplicaciones nuevas desde cero. Carbon está concebido para simplificar la migración a aquellos desarrolladores que desean realizar una transición de sus aplicaciones del Mac OS 9 al Mac OS X. Java permite el desarrollo y la ejecución

de programas multiplataforma *Java Edición Estándar* en el Mac OS X, incluidos los que están programados con *Java Developer Kit*.

- **Gráficos**: El sistema de gráficos del Mac OS X se compone de tres potentes tecnologías basadas en estándares que están totalmente integradas en el sistema operativo y proporcionan servicios a nivel de sistema. Quartz 2D es una librería de generación de gráficos de alto rendimiento basada en el estándar multiplataforma PDF (*Portable Document Format*) de Adobe. Permite visualizar e imprimir gráficos y textos suavizados de alta calidad y proporciona soporte de última generación para las tipografías OpenType, PostScript y TrueType. OpenGL es el estándar del mercado para visualizar formas y texturas tridimensionales. El Mac OS X incorpora una implementación totalmente estandarizada, optimizada e integrada. El software para medios digitales QuickTime provee un entorno estandarizado para crear, reproducir y generar vídeo (MPEG-4), audio (AAC o Codificación de Audio Avanzada) e imágenes (JPEG 2000 y otros formatos).
- **Darwin**: bajo la interfaz de fácil uso y los sorprendentes gráficos del Mac OS X subyace Darwin, una base UNIX sólida de código abierto construida partir de la aplicación de tecnologías ampliamente contrastadas como FreeBSD, Mach, Apache y gcc. Darwin es un sistema operativo completo, comparable a Linux o FreeBSD, en el que puede utilizarse el entorno de líneas de comando, red, librerías y kernel con el que están familiarizados los usuarios de UNIX.

Puede acceder al sistema operativo UNIX en Mac OS X mediante la utilidad Terminal, que se encuentra en la carpeta **Utilidades** de la carpeta **Aplicaciones**.

B.2. La aplicación Terminal

La aplicación Terminal nos permite hacer cosas que no podemos realizar desde la parte gráfica del sistema, como controlar nuestro equipo remotamente, forzar la salida de procesos (o aplicaciones) o, simplemente, ver qué procesos están consumiendo más recursos en el equipo.

B.2.1. El sistema de ficheros

Lo primero que debemos conocer para poder manejarnos dentro de esta aplicación es el sistema de ficheros, que vemos desde el Terminal. En el Finder el disco raíz es el nombre de nuestro disco duro. Sin embargo en el Terminal se accede mediante /. Todos los directorios (carpetas en **Finder**) cuelgan desde la raíz en forma de árbol.

Mediante el comando `ls` podremos ver los directorios que contiene el directorio dónde nos encontremos, conocido como directorio actual, y con el comando `cd directorio` accederemos al directorio denominado directorio. De esta forma si escribimos `cd /` y pulsamos la tecla **Intro** accederemos al directorio raíz. Si a continuación escribimos `ls` obtendremos un listado con los directorios que contiene el directorio raíz. Si al comando `ls` le añadimos la opción -la veremos la información del directorio incluyendo los permisos de los directorios.

Si nos fijamos en los directorios del raíz muchos no aparecen en **Finder**. Esto se debe a que son directorios del sistema operativo y no son necesarios para nuestro trabajo. Además es mejor no tocar estos directorios, ya que cualquier cambio podría hacer que el sistema no funcionara.

Al iniciar la aplicación, Terminal se abrirá una nueva ventana en la que el directorio actual será nuestro directorio de trabajo (Inicio o *Home*), es decir, el directorio que en **Finder** aparece con el nombre de nuestro usuario dentro de la carpeta **Usuarios**.

Veamos lo que el terminal ha sacado por pantalla (véase la figura B.2). En la primera línea nos muestra la última conexión al terminal y en la segunda nos da la bienvenida. La tercera es lo que se conoce como *prompt*; como vemos se ha abierto en nuestra carpeta de usuario y para indicárnoslo aparece el símbolo ~, es decir, lo que aparece después de privadas: es el directorio actual. Después del directorio nos muestra el usuario que está conectado al terminal. En esta línea hemos escrito `cd /`, y como se ve en la siguiente línea se ha cambiado el directorio actual a /. Al hacer `ls` el terminal nos muestra en una vista por columnas los directorios (figura B.1).

Ejecutando el comando `ls -la` veremos los mismos directorios, con una información mucho más completa. En la primera columna vemos el tipo del fichero o directorio y los permisos de acceso del mismo. Dentro de esta columna la primera letra indica el tipo del fichero, d indica que es un directorio, - indica que se trata de un fichero y l significa que es un enlace (lo equivalente a un alias en Finder). Después del tipo de archivo tenemos los permisos de acceso. El primer grupo de tres letras indican los permisos que tiene el usuario propietario del archivo, el siguiente grupo formado por otras tres letras nos indica los permisos que tienen los usuarios que pertenecen al mismo grupo que el propietario del archivo y el último grupo de tres letras nos muestra los permisos que tienen el resto de usuarios del sistema. Cada conjunto de tres letras es de la forma `rwx`, la `r` significa que se tiene permisos de lectura, la `w` que se tienen permisos de escritura y la `x` que se tiene permiso para lanzar la ejecución del archivo. Así si tuviéramos un archivo con la siguiente información `-rwxr-xr---` sabríamos que el archivo es un fichero, que el propietario tiene permisos para leer, escribir y ejecutar, que los usuarios del mismo grupo que el propietario tienen permisos para leer y ejecutar y que el resto de usuarios sólo tienen permiso para leer.

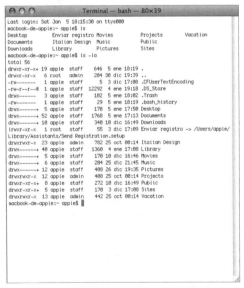

Figura B.1. Listado de directorios.

La segunda columna (un número) nos indica el número de ficheros o directorios que contiene el archivo en cuestión. En la tercera y cuarta columna vemos el propietario y grupo del propietario del archivo. La quinta columna nos muestra el tamaño del archivo. El resto nos da la fecha, la hora y el nombre del archivo.

B.2.2. Operaciones básicas sobre archivos

En este apartado veremos las operaciones básicas que podemos realizar con los distintos archivos. Para seguir todas estas operaciones nos crearemos un directorio en nuestro usuario denominado pruebas. Para ello, si ya estamos en el terminal pero no nos encontramos en nuestro usuario escribiremos el comando cd y pulsaremos la tecla **Intro**. Para crear un directorio utilizaremos el comando mkdir nombre_nuevo_directorio, en el ejemplo, mkdir prueba. Si ahora hacemos un ls -la en nuestro directorio veremos que se ha creado un nuevo directorio denominado prueba. Para borrar un directorio, nos situaremos en el padre de éste es decir en el que lo contiene (en nuestro caso en nuestro directorio) y escribiremos el comando rm -r prueba, siendo prueba el nombre del directorio. La opción -r sirve para que borre recursivamente el directorio, es decir, borre todo el contenido de ese directorio incluídos los subdirectorios que contenga.

Figura B.2. Creando un nuevo directorio.

Desde el terminal también podemos copiar y mover archivos, para lo cual utilizaremos los comandos cp y mv. Imaginemos que tenemos un fichero en la carpeta **Documents**

(Documentos en Finder) llamado album.rtf y queremos copiarlo a nuestro directorio. Para copiar el fichero escribiremos `cp Documents/album.rtf`, y para moverlo escribiremos `mv Documents/album.rtf`. Veamos un poco más esto: el punto del final significa que queremos copiarlo en el directorio actual, por lo que en nuestro ejemplo estaríamos situados en nuestro directorio.

> **Nota:** *En Mac OS X no es necesario escribir todo el nombre de un directorio o fichero. Si escribimos las primeras letras y pulsamos la tecla* **Tab** *el terminal escribirá el nombre del directorio al que queremos referirnos.*

B.2.3. Control y gestión de procesos

Para la gestión y control de procesos disponemos de los comandos `top`, `ps` y `kill`.

El comando top

El comando `top` nos da información general del sistema y nos muestra un listado con todos los procesos que están ejecutándose en el momento de escribir el comando.

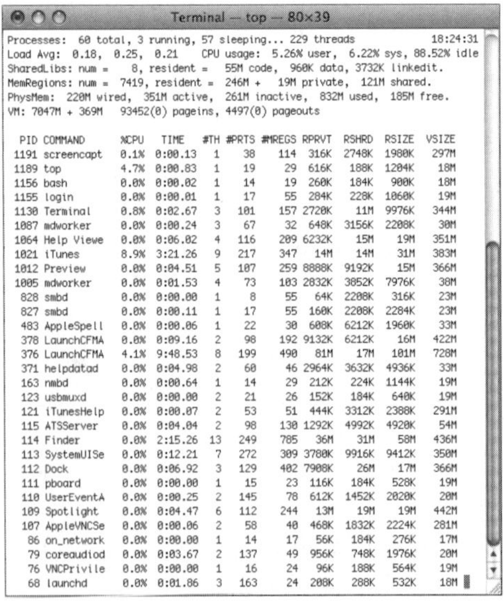

```
Terminal — top — 80×39
Processes:  60 total, 3 running, 57 sleeping... 229 threads            18:24:31
Load Avg:  0.18,  0.25,  0.21    CPU usage:  5.26% user,  6.22% sys, 88.52% idle
SharedLibs: num =    8, resident =   55M code,  960K data, 3732K linkedit.
MemRegions: num =  7419, resident =  246M +   19M private,  121M shared.
PhysMem:  220M wired,  351M active,  261M inactive,  832M used,  185M free.
VM: 7047M + 369M   93452(0) pageins, 4497(0) pageouts

  PID COMMAND      %CPU   TIME   #TH #PRTS #MREGS RPRVT  RSHRD  RSIZE  VSIZE
 1191 screencapt   0.1%  0:00.13   1    38    114  316K  2748K  1980K   297M
 1189 top          4.7%  0:00.83   1    19     29  616K   188K  1204K    18M
 1156 bash         0.0%  0:00.02   1    14     19  260K   184K   900K    18M
 1155 login        0.0%  0:00.01   1    17     55  284K   228K  1060K    19M
 1130 Terminal     0.8%  0:02.67   3   101    157 2720K    11M  9976K   344M
 1087 mdworker     0.0%  0:00.24   3    67     32  648K  3156K  2208K    30M
 1064 Help Viewe   0.0%  0:06.02   4   116    209 6232K    15M    19M   351M
 1021 iTunes       8.9%  3:21.26   9   217    347   14M    14M    31M   383M
 1012 Preview      0.0%  0:04.51   5   107    259 8888K  9192K    15M   366M
 1005 mdworker     0.0%  0:01.53   4    73    103 2832K  3852K  7976K    38M
  828 smbd         0.0%  0:00.00   1     8     55   64K  2208K   316K    23M
  827 smbd         0.0%  0:00.11   1    17     55  160K  2208K  2284K    23M
  483 AppleSpell   0.0%  0:00.06   1    22     30  608K  6212K  1960K    33M
  378 LaunchCFMA   0.0%  0:09.16   2    98    192 9132K  6212K    16M   422M
  376 LaunchCFMA   4.1%  9:48.53   8   199    490   81M    17M   101M   728M
  371 helpdatad    0.0%  0:04.98   2    60     46 2964K  3632K  4936K    33M
  163 nmbd         0.0%  0:00.64   1    14     29  212K   224K  1144K    19M
  123 usbmuxd      0.0%  0:00.00   2    21     26  152K   184K   640K    19M
  121 iTunesHelp   0.0%  0:00.07   2    53     51  444K  3312K  2388K   291M
  115 ATSServer    0.0%  0:04.04   2    98    130 1292K  4992K  4920K    54M
  114 Finder       0.0%  2:15.26  13   249    785   36M    31M    58M   436M
  113 SystemUISe   0.0%  0:12.21   7   272    309 3780K  9916K  9412K   350M
  112 Dock         0.0%  0:06.92   3   129    402 7908K    26M    17M   366M
  111 pboard       0.0%  0:00.00   1    15     23  116K   184K   528K    19M
  110 UserEventA   0.0%  0:00.25   2   145     78  612K  1452K  2020K    20M
  109 Spotlight    0.0%  0:04.47   6   112    244   13M    19M    19M   442M
  107 AppleVNCSe   0.0%  0:00.06   2    58     40  468K  1832K  2224K   281M
   86 on_network   0.0%  0:00.00   1    14     17   56K   184K   276K    17M
   79 coreaudiod   0.0%  0:03.67   2   137     49  956K   748K  1976K    20M
   76 VNCPrivile   0.0%  0:00.00   1    16     24   96K   188K   564K    19M
   68 launchd      0.0%  0:01.86   3   163     24  208K   288K   532K    18M
```

Figura B.3. Comando top.

Este comando nos sirve para controlar si algún proceso o aplicación está *colgada*. Cuando pensemos que una aplicación no responde pero no estamos seguros de que esté *colgada* podemos abrir un terminal, escribir el comando `top` y pulsar la tecla **Intro**. En el listado que nos muestra este comando buscamos la aplicación. Miramos el valor que tiene en la columna `%CPU` y si este valor es mayor que 0.0 entonces es que la aplicación está haciendo algo y, por lo tanto, no está colgada. Probablemente lo que esté sucediendo es que su interfaz haya quedado bloqueada hasta que la aplicación termine lo que esté haciendo. Cuando ya no queramos seguir viendo la información que nos muestra `top` pulsaremos las teclas **Control-C** para dejar de ejecutar el comando.

El comando ps

Este comando permite ver un listado de los procesos que se están ejecutando en la máquina. Aunque la información es menor que en el comando anterior. Lo más importante de este listado es conocer el PID del proceso (cada proceso tienen asignado un número que es único) y el nombre de dicho proceso. El comando `ps` muestra el listado y vuelve al terminal, por lo que ya no es necesario terminar su ejecución para lanzar otro comando.

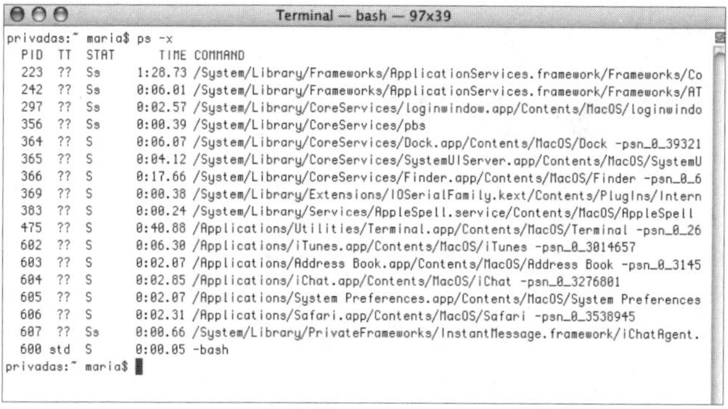

Figura B.4. Comando ps.

Para ver la lista de procesos que nuestro usuario tiene abierto escribiremos el comando `ps -x` y pulsaremos la tecla **Intro**. Para ver la lista de todos los procesos ejecutaremos el comando `ps -ax`, al ver todos los procesos del sistema corremos el riesgo de estropear algún proceso del sistema, aunque tampoco tenemos por qué preocuparnos demasiado ya que el propio sistema operativo se encargará de relanzarlo para que todo siga funcionando correctamente.

El comando kill

El comando `kill` sirve para finalizar un proceso que esté en ejecución. Este comando es muy útil cuando una aplicación está colgada y por algún motivo desconocido el truco "Forzar salida" de Finder no funciona. Para probar este comando primero abriremos una aplicación cualquiera, por ejemplo Safari.

Como vemos en la figura B.5 esta aplicación tiene como número de proceso el 606. Para terminar esta aplicación escribiremos el `kill 606`. Si, a continuación, volvemos a ejecutar `ps -x` veremos que la aplicación ya no se encuentra en ejecución.

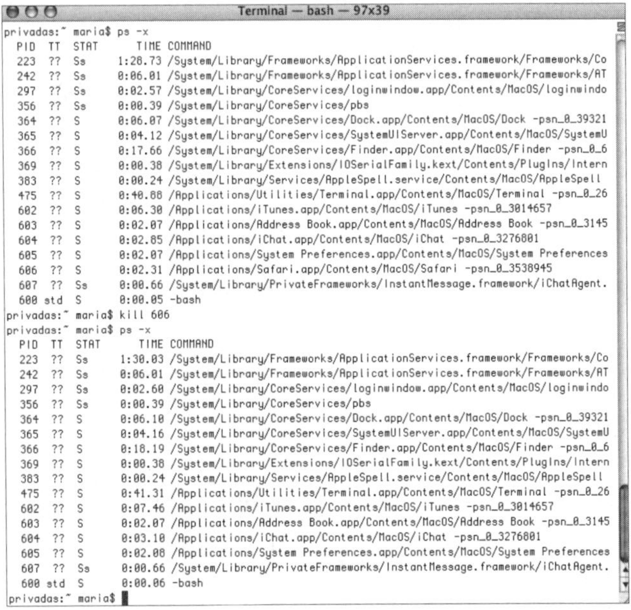

Figura B.5. Comando kill.

Nota: *El número de proceso de una aplicación variará cada vez que iniciemos la aplicación, ya que este número se va asignando según se vayan lanzando procesos en el sistema, por lo que seguramente su aplicación Safari tenga otro número de proceso distinto. Como ya hemos comentado, para ver el número de proceso (PID) ejecuta* `ps -x`.

B.2.4. Cambiar permisos de archivos

Podemos cambiar tanto los permisos como los propietarios de un archivo. Para cambiar los permisos utilizaremos el comando `chmod`. Este comando va seguido de unas opciones que indican cómo se deben cambiar los permisos. El esquema sería: `chmod` modo fichero. Éste comenzará por una letra: `u` si queremos cambiar los permisos del propietario, `g` si queremos modificar los del grupo, `o` si queremos modificar los permisos del resto de usuario (los que no pertenecen al grupo del propietario) y `a` si queremos modificar los de todos los usuarios. A esta letra le sigue el símbolo + si queremos añadir los permisos que escribamos a continuación o el símbolo - si queremos quitar los permisos indicados a continuación. Después de este símbolo escribiremos los permisos a añadir o quitar, `r` para lectura, `w` para escritura y `x` para ejecución.

Un ejemplo podría ser: imaginemos que tenemos un archivo denominado prueba.txt con los siguientes permisos -rwxr-x-r--- y queremos quitarnos a nosotros mismos el permiso de ejecución y añadir a nuestro grupo el permiso de escritura. Para ello ejecutaríamos la línea `chmod u-x, g+w prueba.txt`.

B.2.5. Listado de comandos de UNIX

A continuación mostraremos un listado con los comandos UNIX que podemos utilizar. Si no sabemos para qué sirve un comando o las opciones con las que se puede ejecutar podemos utilizar el comando `man`. Para obtener información sobre un comando escribiremos en el terminal `man ls` y pulsaremos la tecla **Intro**. Para movernos en la información que nos muestra `man` utilizaremos las teclas **flecha arriba** y **flecha abajo** para avanzar o retroceder línea a línea y **Espacio** para avanzar de página a página. Cuando terminemos de ver la información pulsaremos la tecla **Q** para salir de `man`.

Tabla B.1. Comandos UNIX.

Comando	Utilidad	Ejemplo
alias	Crea un alias	
apropos	Busca comandos por coincidencia de caracteres.	

Comando	Utilidad	Ejemplo
atlookup	Muestra las zonas AppleTalk.	
bc	Es una herramienta de tipo calculadora, para salir escribiremos y pulsaremos la tecla **Intro**.	
cal	Muestra por pantalla un calendario. Si no tiene parámetros mostrará el calendario del mes actual, si el parámetro es -y mostrará un calendario del año actual. Como parámetros podemos establecer el mes y el año que queramos ver o sólo el año.	cal 4 2004, muestra el calendario de abril de 2.004.
cat	Concatena archivos mostrándolos en la salida estándar (en la pantalla). Como parámetros le pasaremos los nombres de los ficheros que tiene que concatenar.	cat parte01.txt parte02.txt junta ambos ficheros mostrándonos el resultado por pantalla.
cd	Nos permite movernos a través de los directorios.	cd Documents pone Documents como el directorio actualmente seleccionado.
cmp	Compara dos archivos.	
chgrp	Permite cambiar el grupo al que pertenece el archivo.	chgrp admin Documents después de ejecutar este comando el directorio Documents pasará a tener como grupo admin.
chmod	Cambia los permisos de un archivo.	chmod a+rw Documents dará a todos los usuarios permisos de lectura y escritura.

Comando	Utilidad	Ejemplo
chown	Permite cambiar el propietario y el grupo de un archivo.	chown maria:admin Documents, en este caso haríamos que el propietario del directorio Documents sea maria y el grupo sea admin. Si sólo quisiéramos especificar el propietario bastaría con poner chwon maria Documents.
clear	Limpia la pantalla.	
cp	Copia archivos.	cp -r Documents DocumentsCopia se copia el directorio Documents en un nuevo directorio llamado Documents-Copia, la opción -r es muy útil para directorios, ya que hace una copia recursiva.
date	Escribe la hora y la fecha actual en la pantalla.	
df	Muestra el espacio de disco utilizado y libre.	df -k
diff	Compara archivos línea a línea. Entrega un reporte de las diferencias entre estos dos archivos. Las opciones que podemos incluir son -i, que ignora diferencias entre mayúsculas y minúsculas y -w que ignora blancos.	diff -i archivo01.txt archivo02.txt
du	Muestra el tamaño de directorios y archivos del directorio de entrada. Con -k muestra el espacio en disco del directorio actual y sus contenidos, en KB.	

Comando	Utilidad	Ejemplo
echo	Escribe en la salida estándar el texto que está a continuación. La opción -n no imprime el carácter de nueva línea al final de la impresión.	
file	Muestra en la pantalla el tipo de archivo dado como argumento.	`file archivo.tar.gz` devolvería `archivo.tar.gz: gzip compressed data, from Unix`
find	Busca el archivo que recibe como argumento en el directorio especificado de forma jerárquica. Si no se indica directorio, la búsqueda la comienza a partir del directorio actual.	`find . -name "*.pdf"`, busca a partir del directorio actual, todos los archivos con extensión `"pdf"`.
finger	Muestra información sobre usuarios locales y remotos. Si no ponemos argumentos nos mostrará los usuarios conectados. Si ponemos un usuario nos mostrará la información de ese usuario.	`finger maria`
ftp	Programa para transferencia de archivos. Como parámetro le pasaremos el nombre del host o la dirección IP de la máquina a la que nos queremos conectar.	`ftp 172.26.0.2`

Los comandos que podemos ejecutar en una ftp son:

`Bin`: Establece el modo de transferencia binario

`Bell`: Suena una alarma al final de cada comando

`hash`: Muestra el estado de avance de las transferencias

Comando	Utilidad	Ejemplo
ftp *(continúa)*	`Prompt`: Activa/Desactiva la confirmación de transferencias	
	`mput <patrón_archivos>`: Sube los archivos especificados	
	`mget <patrón_archivos>`: Baja los archivos especificados	
	`cd <directorio_remoto>`: Cambia de directorio remoto	
	`lcd <directorio_local>`: Cambia de directorio local	
	`ls` / `dir`: Muestra el contenido del directorio remoto actual	
	`!` : Sale al Shell o ejecuta un comando en el Shell	
	`? [<comando>]`: Muestra el listado de comandos o ayuda específica del comando	
`gcc`	Compilador de programas escritos en C y C++. Si usamos sólo `gcc <nombre_archivo>` generaremos un ejecutable llamado "a.out".	
	Opciones:	
	`-o <archivo_destino>`: Podemos darle un nombre al archivo de salida (el ejecutable)	
	`-O <n>`: Indicaremos el nivel de optimización del código (n de 0 a 3)	
	La extensión del archivo fuente nos indica el lenguaje que se compilará (.c para C y .cpp para C++)	
	`-c`: Con esta opción sólo se compila el programa a código objeto, pero no se linkea	

Comando	Utilidad	Ejemplo
`gcc` *(continúa)*	`-S`: Genera código fuente en Assembler (no genera código ejecutable)	
	`-E`: Genera código fuente preprocesado, pero no compila	
	`-v`: Imprime los comandos ejecutados para compilar	
	`-x <lenguaje>`: Especifica el lenguaje de origen: c = c-header cpp-output c++ = c++-cpp-output objective-c = objc-cpp-output assembler = assembler-with-cpp ada f77 = f77-cpp-input ratfor java	
`grep`	Permite filtrar texto. Por defecto, lee de su entrada estándar (habitualmente el teclado) línea por línea, le aplica la expresión regular recibida como parámetro y despliega las que coincidan con ella. Con la opción `-i`, se ignoran diferencias entre mayúsculas y minúsculas, y con la opción `-v` despliega las líneas que no coincidan con la expresión regular.	
`gunzip`	Descomprime o extrae archivos.	
`gzip`	Comprime o extrae archivos.	
`head`	Muestra en la salida estándar las primeras líneas de un archivo. Por defecto, son las 10 primeras y lee de la entrada estándar.	

Comando	Utilidad	Ejemplo
`head` *(continúa)*	Con la opción `-n <número>` especificaremos el número de líneas a mostrar y con la opción `-c <bytes>` veremos los primeros `<bytes>` bytes.	
`history`	Muestra el listado de comandos que se han ejecutado en ese terminal.	
`host`	Permite obtener información referente a un nombre del equipo, debemos pasarle como parámetro el nombre del host.	`host www.apple.es` nos devolvería "`www.apple.es` is an alias for www.spain.euro.apple.com." y "`www.spain.euro.apple.com` has address 17.254.3.172"
`id`	Muestra en pantalla el identificador real de usuario y grupo.	`id maria`
`java`	Interprete de Java. Ejecuta el código generado por el compilador de java: `javac`	
`javac`	Compilador de java este comando compila el código fuente Java (.java), y genera bytecode (.class) interceptable por la Máquina Virtual de Java (JVM) mediante el comando java.	
`kill`	Envía una señal a un proceso determinado por su PID para terminar su ejecución.	
`Killall`	Elimina procesos de acuerdo al nombre. Envía la señal de finalización a todos los procesos de un comando especificado.	`killall ls` elimina todos los procesos con nombre `ls`
`last`	Listado de tiempos de conexión de los usuarios, del más reciente al más antiguo.	

Comando	Utilidad	Ejemplo
`less`	Similar a more, pero permite hacer `scroll` hacia el principio del archivo y buscar en el texto.	
`ln`	Crea enlaces físicos o simbólicos. Con la opción `-s` crearemos un enlace simbólico en lugar de uno físico. Para crear uno físico, tendremos que ser superusuario (root).	
`ls`	Muestra los archivos dentro de un directorio. Las posibles opciones son: `-a`: Muestra todos los archivos, incluyendo los ocultos (que empiezan por punto). `-l`: Muestra todos los archivos indicando la capacidad en bytes, permisos de archivo (ejecución, lectura y escritura) y la fecha en la que fueron creados. `-F`: Indica el tipo de archivo ("*" para ejecutables, "/" para directorios, "@" para enlaces simbólicos). `-R`: Lista recursivamente el contenido de los directorios dados por su argumento. `-d`: Muestra los detalles del directorio dado por argumento en vez del contenido del directorio.	
`man`	Muestra las páginas de manual.	
`mkdir`	Crea un nuevo directorio.	
`more`	Muestra la información de uno o mas archivos en un terminal haciendo pausas.	

Comando	Utilidad	Ejemplo
`mv`	Mueve un archivo de un directorio a otro.	
`pico`	Editor de texto, parecido a Edit de MS-DOS.	
`ps`	Muestra los procesos que están en ejecución.	
`pwd`	Muestra el directorio en el que nos encontramos, es decir, el directorio actual.	
`rm`	Borra el archivo dado como argumento. Las posibles opciones son: `-i`: Pide confirmación para borrar. `-f`: Suprime confirmación al borrar. `-r`: Elimina recursivamente el contenido del directorio (y a él mismo)	
`rmdir`	Borra el directorio dado como argumento. Las posibles opciones son: `-r`: Elimina los directorios y su contenido de forma recursiva. `-f`: Elimina sin preguntar. `-i`: Pregunta por confirmación.	
`scp`	Programa para copiar archivos de forma segura a través de la red. Provee el mismo nivel de seguridad que ssh, usándolo para la configuración de shell.	`scp ejemplo.c 172.26.0.3` se copia el archivo "tarea.c" a la máquina 172.26.0.3. `scp -r ejemplo/ micuenta@172.26.0.3` se copia el directorio "ejemplo/" a la cuenta llamada micuenta en la máquina 172.26.0.3.

Comando	Utilidad	Ejemplo
set	Establece variables de entorno para la configuración del shell. Si el nombre de variable ya existía, se reemplaza por el nuevo valor. Si se llama sin parámetros, muestra los valores existentes.	set TERM xterm, a la variable TERM le asigna el valor xterm.
ssh	Programa para acceder a máquinas remotas y poder ejecutar comandos en ellas. Ofrece una comunicación encriptada entre las dos máquinas.	ssh maria@172.26.0.3 accedemos a la máquina 172.26.0.3 a través del usuario maria.
tail	Muestra las últimas 10 líneas de un archivo. La opción -n especifica el número de líneas a mostrar. La opción -r muestra las líneas al revés.	tail -n30 archivo.txt muestra las últimas 30 líneas del archivo archivo.txt.
tar	Comando que sirve para empaquetar o desempaquetar archivos de un fichero conocido como "tarfile". Con las opciones cvf empaqueta los archivos y con las opciones xvf desempaqueta el fichero. Si además usamos la opción z, el archivo resultante empaquetado se comprime cn GZ (.gz) y queda como ".tar.gz".	tar czvf Documents documentos.tar.gz empaqueta y comprime todo lo que contiene el directorio Documents guardando el resultado en el fichero documentos.tar.gz.
top	Muestra y actualiza la información de los procesos que están usando la CPU.	
wc	Cuenta las líneas, palabra y caracteres del archivo que recibe como parámetro. Con la opción -l nos da las líneas, con la opción -m los caracteres y con la opción -w las palabras.	

Comando	Utilidad	Ejemplo
`who`	Muestra información de los usuarios conectados a la máquina en la que ejecutamos este comando.	
`whoami`	Muestra el nombre de nuestro usuario	
`who am i`	Muestra lo mismo que `whoami` pero dando más información	
`zip`	Comprime o descomprime archivos. Con la opción `-r` comprime recursivamente los directorios.	

Glosario

.Mac: Suite de servicios de Internet sólo para Mac. .Mac incluye email, almacenamiento online (iDisk), páginas web, postales por Internet (iCards), calendario compartido con iCal, información sincronizada con iSync, y software de protección de virus y backup.

ADB (*Apple Desktop Bus*): Puerto serie que se encuentra en los ordenadores Apple antiguos. El puerto ADB conecta el teclado, el ratón, y otros dispositivos de entrada, como tabletas gráficas y lectores de códigos de barras. ADB ha sido reemplazado por la tecnología USB (*Universal Serial Bus*) en los modelos actuales.

Administrator Computer: Ordenador Mac OS X en el cual hemos instalado las aplicaciones para servidor del CD *OS X Server Admin*.

AFP (*Apple Filing Protocol*): Protocolo cliente/servidor utilizado por Apple en los ordenadores compatibles con Macintosh para compartir ficheros y servicios de red. AFP utiliza TCP/IP y otros protocolos para comunicar entre ordenadores en red.

AIFF: Acrónimo de las palabras inglesas *Audio Interchange File Format*. Formato de fichero creado por Apple para el almacenamiento de sonido digital. En la actualidad es un estándar en Macintosh y también es muy usado en la plataforma de Silicon Graphics.

AirPort: Nombre de una tecnología desarrollada por Apple para sus ordenadores que permite realizar conexiones de red inalámbricas con un radio de alcance de 50 metros.

AppleScript: Lenguaje de *scripting* con sintaxis basada en la lengua inglesa, usado para escribir *scripts* de control del ordenador. AppleScript es parte del sistema operativo Mac y está incluido en todos los Macintosh.

AppleTalk: Conjunto de protocolos desarrollado por Apple para la conexión de redes. Facilita las comunicaciones entre dispositivos de red como ordenadores, servidores e impresoras, que pueden ser combinaciones de productos Apple y no Apple. El diseño de AppleTalk permite la inclusión de una variedad de data-link y métodos de cableado en un sistema de red.

Aqua: Interfaz de usuario de Mac OS X, caracterizada por ventanas translúcidas y controles resplandecientes.

ASCII: Acrónimo de las palabras inglesas *American Standard Code for Information Interchange* (Código Estándar Americano para el Intercambio de Información). Estándar mundial compuesto por una tabla de equivalencia entre 128 caracteres y 128 números incluyendo letras, números y símbolos que utilizan los editores de texto y programas de comunicación.

Background: Un aspecto de la capacidad multitarea. Un programa puede ejecutarse y realizar tareas en background (que puede traducirse por segundo plano) mientras otro programa se usa en primer plano.

Backup: Duplicado de un disco. Realizar una copia de *backup* es como fotocopiar un documento de papel.

BASIC: Acrónimo de las palabras inglesas *Beginners All Purpose Symbolic Instruction Code* (Código de Instrucciones Simbólicas de Propósito General para Principiantes). Nombre de uno de los lenguajes de programación más sencillos que existen en la actualidad.

Bit: Unidad de información digital más pequeña que se puede representar y que por lo tanto no puede ser dividida en elementos menores. Un bit sólo puede tener dos estados; 0 o 1, encendido o apagado, o lo que es lo mismo; presencia o ausencia de corriente eléctrica.

Bluetooth: Nombre ideado a partir de la unión de las palabras inglesas *blue* y *tooth* que se traduciría al castellano como "diente azul". Consiste en una nueva tecnología basada en la utilización de radiofrecuencias para llevar a cabo comunicaciones entre dispositivos móviles y el ordenador a una velocidad de hasta 1 Mbps con una distancia máxima de 10 metros. Gracias a este estándar, es posible por ejemplo actualizar los datos de un HPC o PDA en el ordenador sin tener que conectarlos con ningún cable y sin tener que realizar ninguna operación manual.

Bps: Acrónimo de las palabras inglesas *bits per second* (bits por segundo). Unidad de medida de velocidad de transmisión utilizada en comunicaciones. Indica la cantidad de bits por segundo que se pueden enviar a través de una red.

Byte: Palabra inglesa que se utiliza para referirse a un conjunto de ocho bits. En un byte se puede codificar un carácter ASCII o lo que es lo mismo, un número del 0 al 255. Es la unidad básica de información con la que operan los microprocesadores.

Carbon: Las APIs (Interfaces de Programación de Aplicaciones), Carbon pueden usarse para escribir aplicaciones de Mac OS X que también funcionan en versiones anteriores del sistema operativo.

CD-ROM: Acrónimo de las palabras *Compact Disk-Read Only Memory* (Disco Compacto-Memoria de Sólo Lectura). Nombre con el que se conoce a los discos CD que poseen ficheros informáticos grabados y que no pueden ser ni borrados ni sobrescritos. Estos discos poseen una capacidad de almacenamiento máxima de 800 MB.

CMYK: Acrónimo de las palabras inglesas *Cyan-Magenta-Yellow-blacK* (Cian-Magenta-Amarillo-Negro). Esquema de color basado en el uso de los cuatro colores que le dan nombre para crear toda la gama cromática. Este sistema de color se suele utilizar en impresoras.

Classic: Entorno que permite al usuario continuar usando sus aplicaciones de Mac OS 9 en Mac OS X. Las aplicaciones Classic no aparecen en la nueva interfaz Aqua.

Cocoa: *Framework* orientado a objetos en Mac OS X que provee herramientas de desarrollo y servicios que permiten el desarrollo de aplicaciones nativas para Mac OS X. Las aplicaciones Cocoa tienen el mismo aspecto que las Carbon para el usuario final.

Codec: Abreviación de las palabras inglesas *COder-DECoder* (COdificador-DECodificador). Nombre que se da a los algoritmos de procesamiento de información que utilizan las aplicaciones (sobre todo de tipo multimedia) para manejar vídeo, sonido y otros tipos de datos multimedia.

ColorSync: Se trata de una tecnología de manejo del color integrada en Mac OS X. ColorSync asegura que el color que se ve es el mismo que el de la imagen que se imprimirá. ColorSync usa tecnologías estándar como perfiles ICC y espacios de color sRG.

Consola: Las aplicaciones Consola permiten ver mensajes técnicos del sistema y las aplicaciones Mac OS X. Para quien esté programando o resolviendo problemas, estos mensajes serán de gran ayuda.

CPU: Acrónimo de las palabras inglesas *Central Processing Unit* (Unidad Central de Proceso). En los actuales ordenadores

Power Mac, iMac, PowerBook e iBook, la CPU es una PowerPC G3 o G4. Los modelos anteriores contienen PowerPC 601, 603, 604, 604e y chips Motorola 680x0.

Darwin: Sistema operativo que subyace en Mac OS X, integrando el micro-kernel Mach 3.0, servicios del sistema operativo basados en 4.4. BSD (*Berkeley Software Distribution*) que proporcionan una estabilidad y un rendimiento mayor que el de versiones anteriores de Mac OS.

DNS: Acrónimo de las palabras inglesas *Domain Name System* (Sistema de Nombres de Dominio). Base de datos distribuida que gestiona todo lo referente a la conversión de nombres de dominio en formato ASCII al sistema real de direcciones de Internet formadas por grupos de 4 números a las cuales se llama direcciones IP.

Dock: Fila de iconos en la parte baja de la pantalla. Con Dock tendremos acceso instantáneo a las aplicaciones más usadas. Puede usar Dock para organizar documentos, aplicaciones, *websites*, servicios, carpetas, y más.

DV: Formato de grabación digital utilizado por algunos modelos de videocámara digital que se caracteriza por tener un ratio de compresión de 5:1 con un flujo de datos de 25 Mbps.

DVD: Actualmente es el acrónimo de las palabras inglesas *Digital VideoDisk* (VideoDisco Digital). Sistema de almacenamiento basado en un disco compacto muy parecido al CD pero que posee una capacidad de datos mucho más elevada que oscila entre los 4 y los 17 GB.

Finder: Aplicación usada para navegar y organizar sus archivos y carpetas. Finder realiza un papel similar al Explorador de Windows. Puede personalizar las ventanas de Finder con sus herramientas y rutas preferidas.

Firewall: Término inglés que se traduce por cortafuegos. Software que protege las aplicaciones de red que corren en el servidor. El servicio IP Firewall, que es parte del software Mac OS X Server, escanea los paquetes de IP entrantes y rechaza o acepta dichos paquetes basándose en los filtros que haya especificado.

FireWire: FireWire es la implementación inter-plataforma de Apple para entrada/salida de datos en serie a gran velocidad definido por el estándar IEEE 1394-1995, capaz de transferir grandes cantidades de datos entre ordenadores y dispositivos periféricos.

Firmware: Programa almacenado en forma de memoria ROM o Flash que un dispositivo posee integrado para encargarse de controlar su funcionamiento.

Framework: Estructura de soporte que empaqueta una librería dinámica compartida con los recursos que la librería requiere. Mac OS X utiliza frameworks.

FTP: Acrónimo de las palabras inglesas *File Transfer Protocol* (Protocolo de Transferencia de Ficheros). Protocolo de comunicación con el cual es posible enviar y recibir ficheros de un ordenador a otro a través de la red Internet mediante el uso de comandos.

GB: Abreviación de la palabra Gigabyte.

Gigabyte: Medida de memoria que indica la cantidad de 1.024 Megabytes, aproximadamente mil millones de bytes. Se utiliza actualmente para referirse a la capacidad de almacenamiento de los discos duros, que suelen tener entre 100 y 500 GB. También suele ser normal que un ordenador tenga instalados entre 1 y 4 Gigabytes de memoria RAM.

GNU: Acrónimo de las palabras inglesas *GNU's Not Unix* (GNU no es Unix). Nombre con el que se conoce a aquellas aplicaciones compatibles con el sistema operativo Unix que son totalmente gratuitas.

Hacker: Nombre con el que se conoce a los grandes expertos en redes, programación, Internet e informática y tecnologías de la información en general. En lenguaje del ciberespacio, el *hacker* es un personaje inofensivo que intenta acceder a lugares prohibidos por simple diversión y reto personal. No debe ser confundido con el *cracker*, cuyo objetivo es destruir o alterar todo lo que encuentre en los lugares donde logra entrar o copiar información privada.

HTML: Acrónimo de las palabras inglesas HyperText Markup Language (Lenguaje de Marcas de HiperTextos). Lenguaje de marcas utilizado en la WWW para codificar las llamadas páginas Web, que son documentos que presentan la información en forma de hipertexto.

HTTP: Acrónimo de las palabras inglesas HyperText Transport Protocol (Protocolo de Transporte de HiperTextos). Protocolo utilizado en la WWW por los servidores HTML (páginas web) para transferir los ficheros y documentos a los navegadores de Internet, razón por la cual todas las direcciones de Internet de páginas web empiezan por la palabra "http" seguida de dos puntos y dos barras.

iMac: Nombre de una familia de ordenadores de Apple.

Interfaz: Dícese de aquel componente ya sea hardware o software que permite la conexión de dos elementos entre sí de manera que se pueda efectuar un intercambio de información de cualquier clase entre ambos. Ejemplo de interfaz hardware sería el puerto USB, que permite conectar periféricos al ordenador, mientras que una interfaz software podría ser un programa que permita una mejor comunicación entre un sistema operativo y el usuario.

IP (*Internet Protocol*): Protocolo estándar utilizado en Internet para la comunicación entre dispositivos.

Java: Lenguaje de programación desarrollado en 1.991 por James Gosling de la firma Sun Microsystems. Actualmente es el más utilizado a nivel internacional.

Java Script: Lenguaje de programación presentado en diciembre de 1.995 por la empresa Netscape Communications de características similares a Java que se utiliza para programar páginas web más interactivas.

Kernel: Núcleo completo del sistema operativo Mac OS X, que incluye Mach, BSD, el I/O Kit, las estructuras de directorio y los componentes de red. También denominado "entorno del kernel".

Mac OS X: Última versión del sistema operativo de Apple, que combina la operating system, which combines la fiabilidad de UNIX con la facilidad de uso de Macintosh.

MB: Abreviación de la palabra Megabyte.

Megabyte: Medida de memoria que indica la cantidad de 1.024 Kilobytes.

Memoria: Componente de un ordenador encargado de almacenar tanto los datos como las propias instrucciones de los programas que se ejecutan en él. Existen diversos tipos de memoria, siendo la más conocida la memoria RAM y la memoria ROM.

Módem: Palabra resultante de unir los términos MOdulador-DEModulador. Dícese de aquel dispositivo que permite al ordenador conectar con una red informática a través de la red telefónica conmutada (RTC).

MOV: Extensión de los ficheros de películas de Apple QuickTime, usada para dicho tipo de fichero.

MP3: Su nombre completo es MPEG-1 Audio layer-3. Formato de compresión de sonido que permite almacenar mucho tiempo de audio digital en muy poco espacio de almacenamiento.

MPEG: Acrónimo de las palabras inglesas *Moving Pictures Expert Group* (Grupo de Expertos en Imágenes en Movimiento). Nombre con el que se conoce al conjunto de algoritmos estándar para la compresión vídeo digital.

MPEG-2: Puede comprimir dos horas de vídeo en unas pocas gigas.

MPEG-4: Algoritmo estándar de compresión de gráficos y vídeo basado en MPEG-1, MPEG-2 y la tecnología de Apple QuickTime.

Open Source: Definición de software que incluye acceso libre al código fuente, redistribución, modificación, y trabajos derivados.

PAL: Acrónimo de *Phase Alternating Line*, línea alternada en fase. Formato de vídeo usado en la mayoría de países europeos y otros países ajenos a EEUU. El estándar PAL es 25 fps, 625 líneas por frame, y entrelazado.

PDF: Acrónimo de las palabras inglesas *Portable Document Format* (Formato de Documento Portable). Formato para el almacenamiento de documentos desarrollado por la firma Adobe Systems que se ha convertido en un estándar para el intercambio de documentos entre plataformas diferentes (por ejemplo, entre Apple Mac y PC).

QuickTime: Formato de fichero multimedia creado por Apple utilizado para almacenar vídeo digital. También es el nombre del propio programa de Apple creado para reproducir este tipo de fichero.

RGB: Acrónimo de las palabras inglesas Red Green Blue (Rojo Verde Azul). Sistema de representación de imagen en color basado en la generación de toda la gama cromática a partir de estos tres colores primarios.

SMTP: Acrónimo de las palabras inglesas *Simple Mail Transfer Protocol* (Protocolo Simple de Transferencia de Correo). Protocolo estándar para la gestión de correo electrónico que utilizan todos los servidores de correo electrónico.

Spam: Palabra inglesa que se utiliza para referirse a todo lo relativo al envío masivo de mensajes propagandísticos a través del correo electrónico.

TCP/IP: Acrónimo de las palabras inglesas *Transmission Control Protocol/Internet Protocol* (Protocolo de Control de Transmisión/Protocolo Internet). Nombre de 2 protocolos de comunicaciones desarrollados por Robert E. Kahn y Vinton G. Cerf que fueron introducidos en la red ARPAnet en 1983 convirtiéndola así en la red Internet. Casi todas las plataformas informáticas actuales son compatibles con los mismos.

Terminal: Aplicación Mac OS X que permite utilizar una interfaz de línea de comandos y BSD (versión de UNIX).

USB: Acrónimo de las palabras inglesas *Universal Serial Bus* (Bus Serie Universal). Conector externo presente en todos los ordenadores personales actuales que permite conectar (gracias a que es Plug&Play) toda clase de periféricos tales como ratones, escáneres, impresoras, módems, etc.

Wi-Fi: Abreviación de las palabras inglesas *WIreless-FIdelity* (Fidelidad Inalámbrica). Nombre de un certificado que otorga la WECA a aquellos dispositivos que utilizan el estándar IEEE 802.11b o IEEE 802.11g para conectarse a redes de área local de forma inalámbrica y que cumplen una serie de requisitos.

World Wide Web: Sistema de servidores enlazados que distribuyen páginas de hipertexto HTML, gráficos, e información multimedia a usuarios de todo el mundo. Se acorta normalmente con "web".

Índice alfabético

Símbolos

.Mac, 18, 22, 77, 78, 106, 110, 111, 124, 125, 130, 188, 191, 193, 230, 232, 257, 262, 265, 271, 273, 277

A

AAC, 14, 135, 136, 144, 290
Acceso Universal, 83
Actualización de software, 38, 39, 84, 85
AirPort, 14, 82, 83
Agenda, 43, 104, 106, 108, 113, 114, 119, 122, 123, 128, 130, 163, 261-275, 277
Albumes, 135, 157, 167, 168, 169, 170, 171, 176, 181-183, 188
Apagar, 40, 87
Apariencia, 53, 54, 106
Aplicaciones, 30, 36, 44, 46, 49, 56, 59, 88, 97, 231, 279, 283, 289, 290
Apple, 13, 15, 16, 18, 19, 22, 23, 30, 37, 38, 39, 40, 51, 57, 81, 101, 102, 110, 157, 199, 202, 206, 244, 289
AppleTalk, 82, 94, 98, 298

AppleShare, 96
Aqua, 289
Arquitectura, 289

B

Bluetooth, 67, 76, 81, 274

C

Canales, 102, 103, 108
Carpetas, 13, 25, 26, 27, 28, 30, 31, 32, 36, 37, 41, 46, 141, 227, 228, 291
CD
   configuración, 68
   grabar, 27, 151, 160, 200
   importar, 141, 144, 173
Comandos de control
   de procesos
   top, 294, 306
   ps, 295, 305
   kill, 296, 303
Compartir
   archivos, 80, 133
   bluetooth, 81
   documentos, 80
   impresora, 80
   fotografías, 188, 191

música, 158, 159
películas, 80, 230, 231
web, 81, 93, 96
Conexión, 81, 93-96, 97, 98, 99, 274, 275, 276
Control parental, 86
Correo electrónico, 21, 22, 93, 109-122, 191, 257, 264
Cuentas, 87, 111, 126

D

Darwin, 289, 290
Dashboard, 61, 102, 164, 272, 281-283
Discos de arranque, 18, 19, 88-89
Directorio, 265, 291-294, 298, 299, 301, 304, 305, 306
Dock, 13, 14, 15, 25, 26, 38, 40, 44-46, 49, 51, 54-56, 111, 164, 165, 282
DVD
configuración, 68
grabación, 27, 160, 202, 230, 247
importación, 171, 173

E

Economizador, 69-70
Ecualizador, 154-155
Edición de fotografías, 183-186
Escritorio, 37, 56-57, 60, 193, 201
Eventos, 175, 176, 178-179, 195, 208, 215-217, 220, 249, 250, 251, 252, 253, 254, 255, 258-260, 273, 275, 277, 278
Exposé, 58-61

F

Fax, 71, 72, 93
Fecha, 34, 35, 90
Ficheros, 25, 291-293
FileVault, 64, 65
Finder, 25-42, 48, 68, 93, 94, 172, 210, 291
Firewire, 17, 131, 212, 213

G

Gestión de procesos, 294-296
Gestión remota, 81

H

Habla, 90, 91
HomePage, 188-191
Hora, 90, 299

I

Idioma, 63
iDVD, 68, 232, 235-248
iCal, 249-261
iMovie, 205-234
Importar
fotografías, 171-175
música, 141-150
vídeo, 209-214
Imprimir, 29, 119, 194, 195, 286, 290
Inicio, 37, 38, 291
Instalación, 17-23
Interfaz
de Agenda, 265
de iCal, 251
de iDVD, 235
de iMovie, 206
de iPhoto, 168
de iTunes, 137

de Mail, 117
de Safari, 102
de usuario, 74, 289
Internacional, 63
Internet, 22, 38, 77, 93, 97
iPhoto, 167-203
iPod, 151, 156, 161-163, 231, 249, 273, 278
iSync, 273-278
iTunes, 68, 104, 135-166, 196, 223, 227, 231, 241

J

Java, 109, 289, 290, 303
JavaScript, 109

K

Kernel, 290

L

Listas de reproducción, 139, 151-154, 161, 163

M

Mail, 109-122, 251, 286
Menú Apple, 38-40
MP3, 16, 136, 144, 160, 161

N

Navegador (ver Safari)
Notas adhesivas, 283-286

P

PAL, 217, 244

Pantalla
configuración, 72-73
Papelera, 28, 45, 47-49
PDF, 286, 290
Podcasts, 156
Preferencias
de Agenda, 261-265
de Dock, 40
de Finder, 40
de iCal, 249-251
de iChat, 126-128
de iDVD, 244-246
de iPhoto, 174
de iPod, 162
de Mail, 110-116
de Podcasts, 156
de Safari, 106-109
de Sistema, 38, 40, 51-92

Q

QuickTime, 81, 199, 210, 233

R

Radio, 139, 156-157
Ratón, 75-76
Red, 81-83, 93-101, 158-159
Reiniciar, 40, 87
Reposo, 40, 87
RSS, 102, 103, 108, 112

S

Safari, 101-109
Salvapantallas, 56-58
Seguridad, 64-67
Sesión remota, 81
Sincronización, 276, 278
Sistema, 83-92
Sonido, 74-75
Spaces, 58-62

Spotlight, 43, 67

T

Teclado, 64, 75-76
Terminal, 290-297
TextEdit, 279-281
Time Machine, 91-92

U

UNIX, 15
Usuarios, 20, 36, 37, 38, 80, 81, 87, 95, 97, 99, 100, 108, 159, 191, 233, 265, 290-292, 297

V

Vista
　iconos, 32
　lista, 32-34
　columnas, 34
　coverFlow, 35-36
　rápida, 26, 286-288

W

Web
　carpeta, 96
　compartir, 80, 81, 96-97
Widget, 61, 282-283

X

XGrid, 81